L'EXPÉRIENCE
DE LA TRANSCENDANCE

DU MÊME AUTEUR
aux Éditions du Cerf

Dialogue sur le chemin initiatique (en collaboration avec A. Goettmann), coll. « Témoins spirituels d'aujourd'hui », 1979.

L'Homme et sa double origine, coll. « Essais », 1983.

KARLFRIED GRAF DÜRCKHEIM

L'EXPÉRIENCE DE LA TRANSCENDANCE

Traduit de l'allemand
par M.-P. Schlembach

Sagesse du corps

LES ÉDITIONS DU CERF
29, bd Latour-Maubourg, Paris
1987

ISBN 2-204-02774-X
ISSN 0183-696X

A Maria Hippius

Son expérience de la Transcendance Immanente s'est manifestée dans la vie qui fut la sienne, dans l'organisation du centre de rencontre et de formation de Todtmoos-Rütte, et particulièrement dans la formation attentive de très nombreux collaborateurs.

Devenu transparent à l'Être, l'homme témoigne du Supraterrestre dans le monde.

AVANT-PROPOS

Un des signes de notre époque, c'est que ceux qui font l'expérience de la Transcendance, et avant tout de la Transcendance qui leur est immanente, sont de plus en plus nombreux. Ils font l'expérience d'un Être supra-terrestre présent en leur être, qui en eux et à travers eux désire se manifester dans le monde. De telles expériences étaient autrefois qualifiées de mystiques ; la théologie et la science, lorsqu'elles ne les rejetaient pas, les jugeaient généralement peu authentiques, peu dignes d'être prises au sérieux. De nos jours, la science ou plutôt les scientifiques qui se trouvent à la pointe de la recherche et des capacités de la pensée à maîtriser, à conceptualiser la réalité du monde, sont touchés par le Supra-humain et l'avouent. La pensée scientifique n'est plus fermée à l'expérience de la Transcendance ; au contraire, elle s'accomplit pleinement en elle lorsqu'elle atteint les limites de ses propres possibilités.

Quatre moyens ont toujours été offerts à l'homme pour accéder à l'expérience du Supra-terrestre :

— La nature : la grande nature, le silence des forêts, le ciel étoilé...

— L'art : qui n'a pas éprouvé un jour, en écoutant de la musique, que le mot beau ne suffisait plus pour exprimer ce qu'il éprouvait, que ce qu'il éprouvait était au-delà de tous les mots...

— L'érotisme, quand la tendresse physique appelle l'homme à un élargissement de son aura.

— Enfin, la religion, les cultes, quand ceux-ci ne représentent pas un conformisme, une habitude purement extérieure, mais une rencontre intérieure avec le Christ qui nous est immanent.

L'expérience de la Transcendance qui nous est immanente est le but de tout exercice spirituel digne de ce nom. Celui qui cherche à rencontrer la Transcendance doit accepter ce travail préparatoire : la maîtrise, ou plus exactement le lâcher-prise du moi soucieux de réussir dans le monde, maîtrise qui permet seule d'éprouver la présence profonde de l'Être supra-terrestre qui lui est propre. L'enracinement de l'homme dans son Être profond présuppose qu'il se libère de la domination d'un moi centré sur la réussite existentielle ou qu'il acquière à la perfection un savoir qui rend inutile le concours d'un moi toujours tendu vers l'action. Une maxime japonaise exprime cela très clairement : « Une technique parfaitement maîtrisée ne prend pas seulement son sens dans la performance extraordinaire qu'elle rend possible, mais dans le pas qu'elle permet de faire sur le chemin intérieur. » Toute action libérée du moi et authentiquement accomplie est une possibilité d'éprouver le Supra-humain.

Mais tout cela ne peut être ressenti, ne peut devenir un cadeau de l'Être divin que lorsque l'homme s'est rendu transparent à son Être essentiel, que lorsque ce qu'il possède, ce qu'il sait et ce qu'il aime est l'expression de sa relation avec l'Être. Tout ce qu'il est possible de réaliser dans le monde peut permettre ce contact pour peu que nous y soyons attentifs et c'est ainsi qu'il faut comprendre cet adage japonais : « Chaque situation est la meilleure des occasions. » Chaque *situation,* et pas seulement celle qui est inhabituelle et qui nous surprend, chaque situation peut être la source d'une expérience transcendantale ; cela dépend de la manière dont nous accueillons ce qui nous arrive — quoi qu'il nous arrive. La profondeur de ce que nous vivons ne dépend pas de ce que nous vivons, mais de notre faculté à transformer l'acte apparemment le plus banal en une expérience religieuse.

Incontestablement, notre époque, dans beaucoup de domaines, menace de destruction ce qu'il y a d'humain en l'homme ; mais face à ce danger, on voit s'esquisser une réaction salutaire chez des gens de plus en plus nombreux, surtout des jeunes, réaction qui peut favoriser l'expérience de la Transcendance. La méditation, sous les formes les plus variées, mais avant tout sous celle du Za-Zen, prend en Occident une importance toujours plus grande. Cela montre bien, qu'en raison précisément de la mécanisation de la vie, l'homme éprouve une nostalgie et un besoin croissant d'entrer en contact avec le Supra-terrestre. Il est à remarquer que ce besoin ne s'exprime pas seulement par un intérêt pour l'extraordinaire, le paranormal ; chez l'éveillé, chez celui qui a éprouvé cette nostalgie, le quotidien lui-même devient souvent la source inépuisable d'une expérience transcendantale. Les exercices spirituels, la méditation pas plus que les autres, ne sont pas seuls à permettre l'expérience de la Transcendance. Le quotidien peut aussi en être l'occasion, chaque fois qu'il exige de l'homme la répétition incessante d'une activité dans laquelle le moi fixateur peut être déconnecté.

Mais la condition à la présence du Supra-terrestre ici-bas, c'est toujours une certaine disposition, une sensibilité spécifique de l'homme à l'égard de son Être profond et plus généralement à l'égard de la profondeur de tout ce qui l'entoure — pour l'Être dissimulé sous l'apparence des choses. On pourrait presque dire que certains individus sont plus que d'autres prédisposés à vibrer, à réagir à leur propre profondeur essentielle et à celle du monde. Certains individus d'une grande bonté peuvent être sourds et fermés à l'Être, alors que d'autres qui ont des penchants profondément immoraux peuvent lui être tout à fait ouverts. Certains grands artistes en sont l'exemple. La capacité à entrer en contact avec l'Être ne garantit nullement la bonté de l'homme. Mais une chose est certaine : la profondeur et la richesse de la vie ne sont ouvertes, offertes, manifestes que chez celui qui est apte à percevoir l'Être supra-humain dans toutes les formes de son existence terrestre.

K. Graf DÜRCKHEIM
Todtmoos-Rütte
Juin 1984

CHAPITRE PREMIER

EXPÉRIENCE RELIGIEUSE : LES CONDITIONS D'UN DIALOGUE FRUCTUEUX

Une discussion fructueuse entre la théologie, les sciences religieuses et la psychologie des profondeurs ne peut jamais s'instaurer sur un plan neutre et objectif, mais seulement par la rencontre des Personnes des participants. Seule une expérience religieuse commune, comportant à la fois une réelle promesse et un devoir, peut les rassembler. La rencontre sous le signe d'une expérience à ce point exigeante, et le chemin intérieur qu'elle implique, constituent l'unique base possible d'une rencontre œcuménique fructueuse. Aujourd'hui, la théologie et les sciences religieuses perdent beaucoup de leur crédit et de leur intérêt, car il n'y a plus, ou pas encore, en elles de rapport à l'expérience originelle du Divin, et sans ce lien, elles sont dépourvues de toute fécondité.

Il y a quelques années, un étudiant en théologie se présente à moi avec la déclaration suivante : « S'il y a quelque chose qui peut vous rendre suspect en tant qu'étudiant en théologie, c'est bien la réputation d'être pieux. » Dans les dernières années, j'ai personnellement fait la connaissance d'une bonne centaine de prêtres. Ce qui leur est commun, c'est une détresse qui fait suite à un enseignement théologique qui leur a donné une formation théorique, mais qui a ignoré leurs besoins intérieurs et leurs problèmes humains, qui a oublié que leur vocation était de mûrir humainement en prenant en considération leurs problèmes intérieurs et leurs expériences religieuses propres. Cela n'est pas étonnant, car non seulement le prêtre, mais aussi les représentants d'autres professions comportant des responsabilités humaines, le médecin, l'éducateur, n'entendaient, en règle générale, durant leurs études à l'université, et ceci jusqu'à il y a peu, quasiment rien sur l'être humain. Ce n'est pas le « cadavre vivant » que nous avons devant les yeux, porteur des capacités et des croyances de l'avenir, qui peut annoncer l'homme de demain et ses facultés à s'humaniser. Et le mouvement qui conduit l'homme à nier toujours plus sa réalité essentielle, son âme, n'est en aucun cas achevé ! Les études en psychologie relèvent toujours davantage des sciences exactes. En dehors d'une formation accélérée à une prétendue thérapie relationnelle, le psychologue diplômé n'apprend quasiment rien qui puisse le rendre capable de comprendre psychologiquement ni ses semblables ni lui-même, ou de leur venir en aide ; à moins qu'il n'ait entendu un peu parler de la psychologie des profondeurs, qui fait à présent lentement son entrée à l'université. Il est significatif à cet égard que la psychologie de C.G. Jung, qui prend au sérieux la Réalité Transcendante nous touchant par la qualité du Numineux, ait très peu droit de cité. Il est déplorable que la thèse de médecine ou la licence de psychologie soient les seuls garants de la formation de psychothérapeute. Le médecin et le psychologue, à cause de leur esprit formé aux sciences exactes, éprouvent des difficultés particulières à accéder aux expériences et aux forces qui font évoluer l'homme vers la Personne. Tout prêtre, après quelques années d'expérience, de cure d'âme et de confession, n'a-t-il pas plus de bagage pratique qu'eux ? Seule la formation en psychologie des profondeurs, l'analyse, et depuis peu la *Gestalt-Therapie,* permettent au médecin et au psychologue d'entrer en relation avec la réalité personnelle de l'homme, non perceptible par les sciences exactes. Mais même là, ils dépassent rarement le niveau au-delà duquel se situe justement le noyau de cette Réalité de la Personne : « l'Être essentiel, cette façon qu'a l'Essence divine supra-terrestre d'être présente en nous et de désirer être visible dans le monde, en nous et à travers nous ! »

Cet Être essentiel se manifeste aujourd'hui avec force et les murailles dans lesquelles le rationalisme l'avait enfermé s'écroulent de plus en plus. Que cet Être soit tombé à ce point dans l'oubli, la faute en incombe également à une théologie qui considérait les expériences personnelles de l'homme, et ce qu'il pouvait éprouver de la vie et de l'Essence divine, comme « seulement subjectif ». Au lieu de faire un effort en direction de ces expériences religieuses les plus profondes, elle s'est contentée d'une « théologie morale », s'est occupée d'éthique et de code de bonne conduite. Celui qui « se conduit bien », qui est pieux et accomplit de bonnes œuvres, est dans le droit chemin ; peu importe ce qui se passe derrière la belle façade et à quel point il manque encore de maturité. Qu'il soit névrosé, obsédé par des désirs et des pulsions refoulés, ne regarde personne. Les communautés dont l'exigence est d'être fondées spirituellement, les congrégations religieuses, couvents, confréries, institutions en tout genre, sont souvent des pépinières, des foyers, des conservatoires des forces de l'ombre. Éric Neumann a démontré de façon convaincante que toute communauté qui impose à ses membres une certaine limitation de leur individualité engendre des forces d'ombre. C'est particulièrement le cas lorsque les principes qui dirigent les valeurs personnelles privilégient plutôt le comportement apparent et la réalisation visible dans le cadre de la communauté, que ce qui grandit intérieurement. De ce fait, tout ce qui entre en conflit avec les normes objectives de comportement est réprimé. Ainsi les forces de l'ombre restent emprisonnées. La conséquence en est une atmosphère chargée de mensonge et d'hypocrisie, qui serait insupportable s'il ne se trouvait chaque fois un homme authentique, un membre de la communauté, un supérieur ou un collègue, qui, par la force de son expérience personnelle du Divin, ou de son expérience du Christ, sans beaucoup de phrases, purifie, réconcilie et libère à bon escient.

Au cœur de la formation des théologiens, des psychologues

et des historiens des religions, il devrait y avoir une initiation ; c'est-à-dire que la signification cardinale de cette formation devrait être « d'ouvrir la porte du mystère » *(initiare).* Ce mystère, c'est nous-même dans notre Être essentiel, celui qui est prisonnier dans les structures de notre moi existentiel. Il est la Transcendance qui nous est immanente, le Christ intérieur. Mais dans la mesure où le noyau de notre Être essentiel est refoulé et interdit d'expression, qu'il n'a pas la possibilité de s'épanouir, il menace la « belle façade » de l'homme moderne, soucieux uniquement d'auto-conservation, de rendement maximal et de bonne conduite. Il menace l'homme de l'intérieur sous la forme d'ombre essentielle de son noyau.

Mais qui, parmi nos théologiens et nos historiens des religions, connaît la notion d'ombre ? L'ombre est l'ensemble des potentialités, des pulsions et des désirs de vie, qui font partie de la Totalité de l'homme, mais ne parviennent pas à la réalisation. Ce sont particulièrement les désirs d'épanouissement provenant de l'Être essentiel qui ne sont pas reconnus, et l'agressivité rentrée, contre ce qui, dans le monde, nous menace et nous blesse. La libération des tensions créées par ces forces de l'ombre qui ravagent l'inconscient est une *Purificatio,* non pas par destruction, mais par affranchissement et transformation des énergies bloquées, au service des forces fécondes de la personne.

Celui qui s'intéressera à la libération des énergies refoulées au sein des forces de l'ombre est celui pour qui les forces de défense du moi, la volonté de puissance et un comportement correct ne constitueront plus le but ultime du développement humain, celui pour qui le plus important est la Personne Totale, c'est-à-dire toutes les dispositions personnelles par lesquelles l'Être nous habite, par lesquelles le Christ nous habite comme Parole qui peut résonner en nous pour nous inciter à nous engager sur notre chemin. Ainsi seulement pourrons-nous, à notre manière, éprouver la vie et reconnaître le monde, aimer et ordonner cette vie et ce monde, et en être les témoins vivants. Afin d'établir les conditions qui permettront cela, il sera nécessaire de purifier l'inconscient, non pas en niant les forces de l'ombre, mais en les intégrant. Il ne suffit pas de laisser libre cours à l'explosion d'impulsions agressives et à la brutale émergence des pulsions et des désirs primitifs refoulés — ce à quoi se cantonnent tant de soi-disant groupes de recherche de soi — quoique cela puisse constituer un début non négligeable à une authentique connaissance de soi. Tout à fait déterminante, au contraire, est la capacité à prendre au sérieux l'Être essentiel qui s'est transformé en forces d'ombre et les puissances mystérieuses qui menacent le moi existentiel, qui suscitent en nous des sentiments de peur, de culpabilité et de solitude, qui n'ont pas de causes apparentes, mais dont l'existence témoigne, de façon dramatique, de notre rupture avec notre unique et véritable Source de Vie.

Nous ignorerions tout de cette source de l'Être essentiel si elle ne nous atteignait que sous cette dangereuse forme d'ombre. Elle nous touche également d'une façon qui nous comble et nous libère, aux heures étoilées de notre existence, par des contacts de l'Être, par ces expériences mystiques que l'on fait lorsque s'ouvre la porte de l'Autre Dimension, du « Royaume qui n'est pas de ce monde ». Cela pour un instant seulement, mais cet instant est bien suffisant pour ne plus douter de la Vérité qui nous touche à ce moment-là, à moins que n'arrivent à semer le doute dans notre cœur ceux dont la foi ne correspond à aucun vécu, ou ceux qui, éloignés de toute croyance, sont les tenants des sciences de la nature, autrement dit des « sciences expérimentales ». Comment cela ? Par la simple remarque que tout cela ne peut être « que subjectif ». Ce concept reflète toute la tragédie, la part d'ombre du rayonnement de l'esprit occidental : la philosophie, l'art, la technique, les sciences de pointe, la raison qui met tout en lumière — tout l'univers de l'esprit objectif avec sa représentation d'une réalité dite « objective », c'est-à-dire indépendante de la perception humaine — d'une réalité qui peut être saisie ontologiquement, pour qui, au fond, il n'existe pas de sons, mais des ondes, pas de sentiments, mais seulement des processus hormonaux, pas de gestes signifiants, mais uniquement des comportements évaluables, pas de profondeur accessible à la plongée méditative, mais des ondes alpha, etc. ! Ainsi, chacun passe-t-il dans sa vie à côté du son perçu, qui, comme tout mot, ne prend sa réalité, toute sa réalité, que dans le fait d'être entendu ! C'est une évidente absurdité dont on ne sortira qu'en établissant une nette différence entre deux réalités : l'une, que l'on peut appréhender, mesurer et emprisonner par une saisie rationnelle et qui est une représentation en quelque sorte indépendante de notre vécu profond ; l'autre, la réalité profonde de l'homme en tant que sujet expérimentant, dans laquelle la réalité de ce qui est vécu est dans le sens du vécu. L'homme tend volontiers à saisir la réalité vécue à l'aide des catégories objectives d'espace et de temps, d'identité et de causalité, mais la réalité constatable objectivement, mesurable et explicable, n'est pas celle dans laquelle il vit, souffre, cherche, est heureux, subit des échecs ou se réalise. L'ordre qui régit cette réalité trouve son échelle de valeurs dans les profondeurs de l'Inconditionné vécu, qui abolit toutes les détresses contingentes qui s'inscrivent dans les lois de l'espace et du temps. C'est une Réalité que l'on peut parfaitement expérimenter ; bien qu'elle ne soit pas accessible au microscope, elle l'est pour celui qu'elle a touché dans l'intimité de son âme.

C'est de cette Réalité, qui est toujours une rencontre, de cette forme de Réalité qui n'existe pas pour les sciences exactes, que parlent aussi les Écritures saintes. C'est d'elle que Jésus a vécu et c'est pour elle qu'il est mort. C'est en elle seule que notre humanité peut pleinement s'accomplir. Et c'est dans la prise au sérieux de cette Réalité que la théologie, les sciences religieuses et la psychologie des profondeurs, ou plus exactement leurs représentants, pourront entamer un dialogue mutuellement enrichissant et fécond. Des expériences du Divin, très anciennes, desséchées par des interprétations sclérosantes, pourraient redevenir des témoignages vivants, si l'exégèse s'efforçait d'en mettre partout en lumière, par ses interprétations, la source unique et authentique ; si les sciences religieuses, de même, recherchaient, tant au niveau historique que phénoménologique, les conditions nécessaires à une meilleure compréhension. La psychologie des profondeurs devrait, par ailleurs, être à la théologie et aux sciences religieuses une auxiliaire indispensable ; elle pourrait aider les théologiens et les historiens des religions, en leur ouvrant le chemin de l'Expérience, sans laquelle leur travail sera finalement privé de toute valeur. Mais pour cela, elle doit elle-même devenir un secours réel sur la voie de la totale réalisation de soi. Elle ne devrait donc pas s'arrêter à la libération de l'homme naturel, mais, par la prise au sérieux et l'intégration du noyau d'ombre, par la prise au sérieux des expériences et contacts de l'Être, elle devrait ouvrir la porte à la Sur-nature.

A la tâche de la psychologie des profondeurs, dont le devoir est de permettre la connaissance des obstacles et des résistances sur la voie de l'Être essentiel et d'aider à les supprimer, doit s'ajouter la pratique, l'*Exercitium ad integrum.* Cela signifie avant tout l'exercice d'une pratique méditative qui culmine dans une vie méditative. Leur but ne serait pas la compréhension plus profonde d'une représentation religieuse ou d'un texte sacré, mais la transformation de l'homme entier en vue de la transparence. La signification de la méditation et de toutes les pratiques méditatives serait alors la transparence à la Transcendance qui nous est immanente, à nous et à toutes choses. Le but de cette métamorphose serait un homme ayant détruit les murs qui limitent et protègent son moi naturel. Ce moi doit avoir appris à délaisser les apparences afin de pouvoir rencontrer son ombre essentielle — son Être essentiel refoulé. Cela doit devenir perceptible et se manifester dans sa manière d'éprouver, de connaître et de structurer le monde, mais surtout dans la façon qu'il aura lui-même de devenir conforme à son Être essentiel. Cette transformation ne concernerait pas uniquement son comportement dans le monde, mais son soi en tant que Personne.

Une telle transmutation de l'homme devrait aussi être le but de toute formation théologique. Celle-ci ne devrait pas s'épuiser dans l'ascèse au nom d'une morale théologique et aboutir à une éthique de bonne conduite, mais, traduisant une *métanoia,* elle devrait accomplir la grande conversion, la métamorphose de l'homme naturel en homme initiatique, celui qui fonde son existence sur sa Sur-nature. Réduire le but d'une formation à la fondation d'une éthique, c'est faire du pharisien fidèle à la loi un modèle, et c'est courir le danger de confondre la Croix du Christ avec la « Croix-Rouge ».

De quelle manière le jeune théologien d'aujourd'hui « apprend »-il la mort, sinon par la mortification des sens ? Ce qui s'ensuivra, c'est que plus il aura d'énergie vitale et de sensualité à l'origine, plus il sera victime d'une avidité croissante, dont le refoulement conduira à des comportements névrotiques tortueux, qui, sous le masque du « bon » et de « l'authentique », dissimulent l'immense détresse d'une vie gâchée.

La tâche primordiale d'une formation au ministère religieux, ce devrait être de guider vers l'expérience de l'Être essentiel et la transformation de l'homme qui en découle, et de préparer au témoignage existentiel authentique du Divin qui est apparu dans cette expérience. De même, avant d'entreprendre de pénétrer les mystères et les vérités théologiques, avant d'aborder les problèmes qui se posent aux sciences religieuses, il faudrait se préparer à l'étude de l'instrument de connaissance dont relèvent ces mystères. Aucune connaissance rationnelle ne peut pénétrer ces mystères.

Et pour parler d'une façon imagée, ce n'est pas dans le cerveau qu'il faut chercher l'organe de cette connaissance, mais dans la nuque, dans la colonne vertébrale. En fait, cet organe c'est l'homme tout entier : esprit, âme, corps, dans cette disposition particulière qui lui permet d'être perméable, accessible au mouvement, à l'appel, à la promesse, aux formes originelles de l'Être, aux formes « archétypales » de la vie. Il s'agit avant tout de se libérer de la domination de la conscience objective définissante qui sous-tend toute connaissance abstraite, qui enferme l'homme dans une forme de connaissance coupée de tout vécu et qui ne vise que la seule réalité objective et définissable. La réalité dont s'occupe la théologie n'a rien d'objectif et de définissable ; ainsi elle devrait asseoir ses notions, son « savoir », et leur diffusion sur des modes de conscience qui correspondent au caractère non objectif des réalités concernées. La théologie comme les sciences religieuses (si elles ont encore quelque chose à voir avec l'étude d'un fait religieux vivant) exigent une théorie de la connaissance tout à fait spécifique, qui commencerait par prendre au sérieux et par mettre en lumière un « savoir » qui se serait développé grâce aux expériences et contacts de l'Être essentiel. Elle devrait tenir compte du fait que le progrès possible dans cette connaissance ne repose pas uniquement sur le développement d'un savoir intellectuel, mais dépend d'une maturation humaine dont le degré varie d'un homme à un autre, à partir d'un « donné originel ». Elle est également déterminée par une assimilation des expériences de la mort.

Mais où, jusqu'à présent, les futurs prêtres, les spécialistes des sciences religieuses et les psychologues ont-ils entendu parler de maturité humaine comme but de l'être humain total et comme condition à une pratique avisée et heureuse de leur « ministère » ? Et que signifie pour nous la maturité, de quoi est-elle constituée ?

Toute maturité suppose un fruit. Ainsi peut-on parler de maturité féconde à trois niveaux différents : 1) Celui de la maturité biologique, lorsque le jeune homme est devenu capable, dans l'union avec sa partenaire, d'engendrer un troisième : l'enfant. C'est la forme première de toutes les maturités. De l'union de deux, qui initialement semblaient s'opposer, naît un troisième. 2) La maturité existe aussi dans le domaine concret, par exemple, celui de l'artisan ou de l'artiste : ici le fruit de l'union entre l'homme et la matière, c'est l'œuvre créée. 3) Enfin, d'une véritable maturité humaine, fruit de l'union du moi existentiel avec l'Être essentiel, naîtra l'homme trans-substantiel, transparent, devenu une Personne authentique, qui peut laisser résonner en elle l'appel du Christ ; et qui est également capable de répercuter de manière créatrice et rédemptrice cet appel autour d'elle.

Aucune vérité théologique n'est accessible à l'homme si elle n'est adaptée à ses capacités réceptives.

Si l'œil n'était pas fait pour la lumière, jamais le soleil ne l'illuminerait.

Le sens nécessaire ici, vue, ouïe, toucher, goût ou odorat n'est pas un sens supplémentaire. C'est un sens sur-naturel, qui ouvre à tous les autres sens un nouvel horizon. Au-delà de toute idée, de toutes « sensations » (ou émotions), cet Organe appréhende l'Être dans la qualité du Numineux.

La formation de cet Organe est le début nécessaire de toute direction spirituelle à caractère initiatique. Lui seul pourra désarmer le gardien du seuil qui, au service du moi existentiel, veille jalousement à ce que personne ne le franchisse. Cet Organe est l'instrument magique et mystérieux qui intervient sous tant de formes dans les contes et les mythes. Il se manifeste dans le désir, le pressentiment, la nostalgie du « grand miracle », par quoi ce qui est cherché est cela, précisément, qui pousse celui qui cherche.

Si les spécialistes concernés disposaient de cet Organe, les sciences religieuses pourraient fournir d'importants renseignements sur sa formation, laquelle dépend de tant de conditions et emprunte tant de voies. Il y a ainsi des richesses à faire valoir dans les pratiques transcendant la conscience ordinaire que l'on rencontre chez les prêtres et les guérisseurs des peuples primitifs, dans l'exploration des possibilités de perception et d'action supra-sensibles et dans les expériences fondamentales d'une foi religieuse débarrassée du moi profane grâce à une conscience intérieure élargie. Mais l'important est que soit toujours mis en évidence, en matière de recherche scientifique, et avant toute chose, ce qui entrave ou favorise chez l'homme son chemin de transformation vers la transparence à la Transcendance.

Cependant la clé de tous les efforts vers le Divin réside dans le recours simultané à la psychologie des profondeurs et à la pratique des exercices.

Nous avons dit que la fécondité du dialogue entre théologie, sciences religieuses et psychologie des profondeurs, plus précisément entre les spécialistes de ces différentes disciplines, dépend d'une communauté de points de vue, à savoir d'une relation vivante avec l'Être essentiel. Pour être plus clair, ces spécialistes devraient faire des expériences de l'Être essentiel le centre de leur vie et accepter que ce soit là la condition de validité de leurs connaissances, des préceptes et des pratiques de recherche qui en découlent.

Cela signifie que la psychologie des profondeurs — si elle veut être efficace —, les sciences religieuses et la théologie ne doivent pas se cantonner dans les limites de ce qui est biographiquement explicable et rationnellement compréhensible, mais qu'elles doivent pénétrer de façon significative dans l'inconscient. Seules les écoles qui dépassent celles de Freud et d'Adler, celles de C.G. Jung et d'Éric Neumann, l'analyse existentielle de Louis Binswanger et Médard Boss, et aussi, selon moi, la *Gestalt-Therapie* de Fritz Perls et de ses continuateurs, vont au-delà de l'horizon du moi existentiel naturel et de l'ombre qui lui correspond.

Le théologien ou le spécialiste des sciences religieuses contemporain doit comprendre que son ministère n'est légitime que dans la mesure où il a fait l'expérience de ce qu'il enseigne et de ce qui fait l'objet de sa recherche. D'ailleurs, depuis que C.G. Jung a ouvert la voie, l'importance de la psychologie des profondeurs en ce domaine ne devrait plus être contestée. Néanmoins, elle ne se verra reconnaître la validité qu'elle mérite que lorsqu'elle pénètrera de façon encore plus déterminée qu'à présent dans les profondeurs de l'être. Ce sera alors le fondement d'une thérapie non pragmatique, mais initiatique, d'une direction spirituelle qui révèle à l'homme que c'est seulement à partir de son Être essentiel qu'il peut accéder à la plénitude et au salut. En outre, théologiens et spécialistes des sciences religieuses devraient faire de la « voie » l'élément déterminant de leur existence, et procéder à une purification de l'inconscient, se livrer à une rencontre avec l'ombre.

Quand on a pris conscience de la force agissante des formes et formules originelles de l'Être essentiel vivant qui sont à la base de la perception de la vie « catégorielle » et du caractère relatif des modes de manifestation — qui varient selon le niveau de développement spirituel, les canons culturels qui leur correspondent traditionnellement, et les particularités raciales — il devient manifeste que les différentes cosmogonies ne font que mettre en lumière, ou laissent dans l'ombre, l'un ou l'autre aspect de la même Réalité. L'ombre est toujours la lumière sous la forme de ce qui lui fait obstacle.

Tout ce qui appartient à la Totalité de l'être humain accompli, et qui ne peut se manifester, s'exprime sous forme de puissance obscure. Chaque homme a ainsi derrière la façade que lui composent les nombreux rôles qu'il joue, un compagnon obscur, son loup ou sa sorcière, son frère ou sa sœur noirs, qui infligent sans cesse un démenti à sa *Personna.* Ce compagnon obscur contraint l'homme à se « durcir », à se cramponner à cette *personna*, et simultanément il se manifeste par des impulsions qu'il justifie par des projections multiples qui menacent la *personna* d'éclatement. Les besoins de vengeance refoulés, les humiliations subies, les désirs réprimés, les fantasmes dont on souhaite la réalisation, tout ce que l'homme espère ou redoute dans son for intérieur s'exprime sous forme de projections, d'illusions, d'obsessions, d'utopies, etc., d'êtres, de puissances personnifiées, positives ou négatives, qui peuvent protéger ou anéantir.

Toutes les expressions cultuelles, les représentations de la vie et les symboles religieux qui se sont exprimés dans l'histoire de l'humanité reflètent la mission qui est assignée à l'homme, celle de manifester l'Être qui vit en lui ; toutes ces formes étant bien entendu conditionnées par le niveau de développement de sa conscience, par l'affirmation de sa personnalité qui émerge peu à peu de la collectivité originelle, par les variations du milieu et de l'environnement.

Le triple caractère de l'Être essentiel — plénitude créatrice, loi ordonnatrice, unité totalisante — qui est traduit dans toutes les religions sous la forme de triades, de Saintes Trinités, se révèle à tout ce qui vit comme Force de Vie, comme besoin de s'incarner dans une forme propre, comme mouvement vers la Totalité universelle. Ce triple aspect de l'Être essentiel vit en chaque homme sous forme de nostalgie, d'espérance et de promesse.

Ce qu'elle touche est joie, grâce divine bienfaisante. Ce qui lui résiste est tristesse, puissance obscure.

Constater cela, ce n'est pas opérer une réduction psychologique de la religion, mais simplement reconnaître la façon dont le Divin pénètre toutes choses, en particulier l'homme. C'est parce qu'il en va ainsi que l'homme peut faire l'expérience du Divin, et l'expérience qu'il en a dépend de son niveau de conscience. S'il s'est trop éloigné de l'Être divin qui l'habite, pour s'en tenir à la conscience rationnelle objective et définissante, et qu'ainsi il nie sa réalité, alors viendra le moment — nous en sommes là aujourd'hui — où l'Être (c'est-à-dire lui-même en fait dans son être propre) lui inflige un démenti et le tire, par des expériences qui le touchent au plus profond de lui-même, de la détresse et de l'inconsolable aridité où son éloignement opiniâtre du Divin l'avaient précipité.

Au lieu de parler d'une approche psychologisante de la religion, de dire que l'expérience du Divin est quelque chose d'hybride et de la repousser parce qu'elle serait purement subjective, on devrait bien plutôt dénoncer les représentations et les « interprétations sclérosées, durcies » d'expériences originelles authentiques, sclérose due à la prédominance de la conscience objective définissante. Il convient à présent de redonner vie à ces expériences ; mais cela ne sera possible que si l'on prend à nouveau au sérieux leur source première, le Cœur de l'homme. Il ne s'agit pas ici, bien sûr, du « petit cœur », dont l'amour est un attachement uniquement sentimental aux êtres ou aux choses, qui n'est sollicité, qui n'est ému de compassion que sur le plan du moi naturel ; il s'agit ici du « Grand Cœur » qui bat au rythme de la Grande Vie. Pour ce qui est de la vie spirituelle, les connaissances qui s'y rapportent et la Réalisation à laquelle elle tend, il faut que les responsables concernés apprennent à distinguer soigneusement, tant sur le plan théorique que pratique (c'est-à-dire dans l'expérience personnelle) les deux niveaux sur lesquels se situe l'existence humaine : d'abord le niveau matériel, conditionné dans le temps et dans l'espace, où il est donné à l'homme de connaître, de maîtriser, de réussir et d'ordonner ; ensuite le niveau inconditionné, hors du temps et de l'espace, qui transcende toute capacité humaine, mais dont l'homme peut faire l'expérience. Cette expérience lui permet, s'il s'y soumet et s'engage dans la voie de la Réalisation de soi, de témoigner dans son existence conditionnée spatio-temporellement du monde supra-terrestre.

La mission des théologiens, psychologues et spécialistes des religions, pour laquelle ils peuvent et doivent unir leurs efforts, c'est de cerner tout cela, d'inviter l'homme à s'en préoccuper et à se demander, dans son développement tant individuel que collectif, si cela tient une place dans sa vie ou fait défaut — et il importe aujourd'hui plus que jamais de s'en soucier.

Le dialogue constructif de ces spécialistes doit avoir pour but de définir le sens de l'existence humaine, à savoir : en ce monde, témoigner du Divin. Le théologien devrait faire connaître, enseigner de façon judicieuse et digne de foi le SENS de notre existence et en ce qui concerne l'accompagnement initiatique, participer à sa réalisation concrète sur le chemin intérieur. Le psychologue des profondeurs devrait révéler ce que sont les conditions intérieures d'un accès à la VOIE. L'historien des religions devrait faire connaître comment, dans l'histoire universelle, en tous temps et en tous lieux, ce SENS a été perçu et vécu avec les variations de formes qu'entraînent des niveaux de développement différents, le caractère spécifique des peuples et des traditions spirituelles. C'est là que se manifeste ce fond commun à l'humanité d'images et de formules archétypiques, que la psychologie moderne a pour fonction de faire émerger par paliers progressifs et dont les théologiens doivent nécessairement avoir pris connaissance pour mener à bien une direction spirituelle digne de ce nom. Cela exige de leur part qu'ils soient pénétrés du mystère initiatique et de ses implications, qu'ils aient eux-mêmes connu, du fond des nuits les plus obscures de leur existence, des heures étoilées. Ce sont ces moments où on peut risquer le Grand Saut hors des formes du moi naturel ordonné par la logique, l'esthétique et la morale ; saut dans l'abîme d'une vie insondable où, des tréfonds de la misère émerge « Le Sens », où, dans la déréliction, en proie à la férocité du monde, naît le sentiment de la Grande Protection au sein d'un Amour qui n'est pas de ce monde. Mais il n'y a pas que celui qui a reçu le don de la Grande Expérience qui sache ce qu'est la *Métanoia.* Celui qui n'a eu que de légers contacts avec l'Être essentiel le sait aussi, même s'il ne fait que le pressentir, et il peut de même répondre à l'appel et s'engager sur la VOIE, ce qui est très précisément la VIE et la VÉRITÉ. Mais il doit avoir saisi, quand l'Être essentiel l'a touché, ce que cette expérience contenait de promesse et impliquait de responsabilité. Alors il ne pourra faire autrement que de s'engager sur cette voie assignée à l'homme dès ses origines, par laquelle il regagne en pleine conscience et en toute liberté ce qu'il avait perdu à cause des servitudes de sa nature, d'une conscience rebelle à l'Être essentiel et d'un mauvais usage de sa liberté. Il retrouvera son appartenance au « Royaume qui n'est pas de ce monde ».

« L'homme moderne » (celui d'hier !) ne tiendra — et ne peut tenir, étant donné ce qu'il est — de telles déclarations que comme une utopie très éloignée de toute réalité. Celui qui a su dépasser cette modernité dans sa volonté d'un âge nouveau, dont « ceux qui ont des oreilles pour entendre » discernent aujourd'hui les signes précurseurs, celui-là percevra ces temps nouveaux comme le moment de l'épiphanie d'un Réalisme transcendantal ; pour celui-là la véritable Réalité se manifeste partout où prend fin le domaine de tout ce qui est conditionné spatio-temporellement et quand il a l'indispensable simplicité de considérer avec sérieux ce qu'il a vécu de plus profond.

Le temps est venu où l'homme doit cesser d'être l'esclave de la technique et de la rationalité et où il doit commencer à cantonner science et technique dans des limites étroites, et à les mettre au service d'une vie qui n'est ni rationnellement saisissable, ni techniquement maîtrisable. Spécialistes des religions et psychologues devraient se rencontrer, non pas pour échanger des points de vue et confronter des « résultats scientifiques », mais pour tenter de cerner ensemble ce qui les touche au plus profond : l'Expérience de l'Être et la transformation chargée de promesse et d'espoir qu'elle contient. Ils devraient se rencontrer pour mettre en commun ce qu'ils connaissent de la vie intérieure, et peut-être même, à plus long terme, s'exercer en commun. La méditation devrait être au service de la transformation et conduire à la transparence existentielle qui constitue le fondement d'une théologie, d'une psychologie et de sciences religieuses actuelles fructueuses.

Et la logique dans tout cela me direz-vous ? Eh bien ! c'est précisément de permettre à tout ce qui n'est pas logique de s'exprimer !

CHAPITRE II

GRÂCE ET EXPÉRIENCE DE L'ÊTRE

Notre époque, qui est porteuse d'avenir dans le domaine religieux, cherche à retrouver deux choses qui sont tombées dans l'oubli ou ont perdu tout crédit : l'expérience religieuse originelle et l'exercice spirituel (*Exercitium*).

Quand la vie religieuse se dessèche en rites vénérables mais pétrifiés, l'un et l'autre se perdent. Aujourd'hui, ils ressurgissent et ainsi se retrouve la possibilité de comprendre les thèmes fondamentaux de la religion. C'est également vrai en ce qui concerne les rapports entre l'*Exercitium* et la Grâce, entre les bienfaits de l'exercice et les cadeaux de la Grâce.

Nous sommes, aujourd'hui, les témoins d'un événement fondamental dans l'histoire du monde : c'est la première fois que les hommes de l'Occident s'ouvrent, en les prenant au sérieux, à des expériences dont le contenu dépasse de loin les frontières de la conscience naturelle et possèdent donc un caractère transcendant. Les expériences des mystiques étaient autrefois considérées comme le privilège d'êtres particulièrement doués ou comblés, et leur signification, leur contenu réel, n'étaient considérés qu'avec une extrême réserve. Ces expériences retiennent de plus en plus l'attention et sont de mieux en mieux reconnues par une génération qui, ayant abouti sur le plan humain à une impasse dans le domaine du développement technique, cherche de nouvelles voies pour retrouver un sens à l'existence, de nouvelles sources pour la réalisation de soi. Même dans les cercles responsables, on prend plus nettement conscience que la vie religieuse ne peut se renouveler qu'en se ressourçant aux expériences les plus profondes. A cela correspond tout naturellement un intérêt croissant pour des exercices qui pourraient favoriser de telles expériences et, de plus, permettre à celui qui persévère un développement personnel à la hauteur de la promesse et de la responsabilité qui sont inhérentes à de telles expériences.

Une certaine conception de l'homme se fait jour dans la façon dont on oppose un développement de l'homme, fondé sur sa volonté et ses capacités d'action et l'effet de la Grâce conçue comme un don qui lui échoit, en provenance d'un lieu « radicalement extérieur à lui ». De la sorte, toute religion, toute théologie, présuppose une anthropologie dont les limites et la spécificité ne sont, bien sûr, souvent pas assez conscientes. Il est temps qu'aux sources de notre vie religieuse et, en particulier, de notre éducation spirituelle, une nouvelle conception fasse éclater les limites jusqu'ici craintivement respectées, et définissent de façon nouvelle les rapports entre l'homme et la Transcendance.

Jusqu'à présent le concept de Grâce se fondait, en règle générale, sur une conception de l'homme qui réduisait celui-ci à l'« homme naturel ». La conscience de soi et la vision que celui-ci a de la réalité reposent entièrement sur son identification avec son moi naturel. Ce dernier, depuis sa position propre, fixe l'autre, c'est-à-dire tout son vécu, comme ob-jet ; de cette façon, le monde, dans la mesure où il possède une réalité, est conçu comme un objet extérieur au moi. Sans objet, il n'existe alors plus de moi. Quand on attribue à la conscience de l'homme cette structure fondamentale dualiste, ce qui ne présente au départ qu'un caractère potentiel de réalité ne peut plus être pensé que comme antagoniste, radicalement séparé, « vis-à-vis ». Et tout le reste est nécessairement considéré comme « seulement subjectif ». L'action de la Grâce prend alors tout naturellement la forme d'une relation dualiste entre Dieu et l'homme. Cette représentation prédominante chez nous d'une conscience exclusivement centrée sur le moi est de la sorte prédisposée au dualisme, et la conception de la relation à la Transcendance qui en découle ne recouvrent qu'une demi-vérité. Cette conception correspond à un certain niveau de développement de l'humanité que les esprits évolués de notre temps ne considèrent plus, ni comme le seul possible, ni comme le seul admissible, même si la vision de la réalité relevant de ce niveau doit *encore* être celle de l'homme qui a dépassé ce niveau et connaît d'autres expériences déterminantes que celles où ce qui est reconnu pour réel a toujours un caractère objectif.

Un débat dénué de préjugés sur les rapports entre l'exercice et la Grâce doit fonder ses considérations sur les problèmes essentiels de l'existence humaine et considérer que l'homme traverse sur le chemin de la Réalisation (de la Personne Totale) différents stades de développement. Le saut décisif dans l'évolution se produit avec l'expérience « initiatique » de la Transcendance Immanente, c'est-à-dire avec la percée de l'*Être*.

Ainsi, il convient de distinguer dans nos considérations sur les rapports de l'exercice et de la Grâce, comme pour d'autres thèmes fondamentaux de l'existence, deux degrés de l'esprit humain. Nous les nommerons degré « naturel » et degré « initiatique ». Au niveau initiatique, l'homme n'appréhende plus seulement les contenus objectifs, les valeurs et les faits du monde matériel tenu pour vrai. Bien qu'il vive encore et toujours dans ce monde, il vit, il est nourri du contenu supra-objectif d'expériences qu'il a éprouvées en lui-même comme « foudroyantes, subjugantes », qui l'ont une fois atteint au plus profond de façon incontournable et qui l'ont élevé à un autre niveau ou du moins sollicité et, par là même, transformé. De telles expériences, lorsqu'elles sont prises au sérieux et qu'on leur reste fidèle, permettent à l'homme d'accéder à un nouveau stade d'humanité, dans lequel tout acquiert un nouveau visage et prend un nouveau sens. Et particulièrement le problème de la Grâce et de la relation à la Transcendance.

Il est pénible, mais vrai, de dire que nous avons encore, en Occident, à combattre pour que soit reconnue, du point de vue religieux, la nécessité d'accéder à un niveau spirituel plus élevé, ce qui est depuis toujours l'alpha et l'oméga du cheminement spirituel en Extrême-Orient et qui va de soi pour ceux qui savent, pour ceux qui restent dans la Tradition. Je donne de cela un exemple tiré de l'époque où je vivais au Japon.

En janvier 1941, je rendis visite au professeur Anesaki, vieux maître du bouddhisme Zen et professeur à l'Université impériale de Tokyo, et lui posai la question suivante : « Comment la doctrine du bouddhisme Zen se reflète-t-elle dans le vécu de ses adeptes ? » La doctrine remonte à la légende du moine Amida, qui avait finalement atteint, après d'interminables renaissances, le stade où, à la fin de sa vie, il connaissait définitivement le Nirvāna. Mais au seuil du paradis, il choisit d'y renoncer, saisi d'une infinie compassion pour la souffrance des hommes, et décide de ne pas y entrer (de ne pas s'y éteindre) avant que la dernière des créatures ne soit sauvée. Depuis il agit sur terre conformément à sa promesse. Le *culte* de ceux qui croient en lui consiste en la répétition ininterrompue de la formule de remerciement : « *Namu Amida Butsu* » (sois remercié Saint Bouddha). On rapporte du fondateur de la secte Kobodaishi, qu'il l'a prononcée 70 000 fois par jour. Une vie menée sous le signe du témoignage de cette gratitude, totalement pénétrée, in - formée de cette formule, permet à celui qui la pratique pieusement d'espérer connaître un jour, grâce à Amida, la vraie Rédemption.

A ma question, qui ne visait ni la doctrine ni le culte, mais le vécu des bouddhistes Zen, Anesaki répondit sans hésiter : « Il va de soi que ma réponse à votre question sera fondamentalement différente si elle concerne un homme qui a déjà eu l'expérience de l'Être, ou s'il s'agit de quelqu'un qui ne l'a pas eue. Dans ce dernier cas, Amida est le nom d'un saint homme qui a réellement vécu, qui a accompli l'acte rédempteur et le parachève sans cesse. Dans le premier cas, Amida — que ce soit, ou que ce ne soit pas le nom d'une figure historique — est un mot qui désigne le *Principe* intérieur selon lequel nous n'avons jamais été en état de "non-libération" ; et c'est le devoir de l'homme de devenir toujours plus conscient de ce Principe et de croître, à partir de sa nature conditionnée, en se fondant sur lui. »

Ce que le professeur Anesaki a exprimé comme allant de soi est reçu par l'homme occidental, et plus particulièrement par le chrétien pratiquant, comme surprenant, pour ne pas dire totalement étrange. Il lui faut, en effet, traduire cela en toute logique de la façon suivante : « Pour celui qui en a fait l'expérience, *Christ* est un mot qui désigne le noyau de l'Être qui lui est intérieur, au regard duquel il ne s'est jamais trouvé en état de non-rédemption et dont la prise de conscience est sa vocation, celle-ci ayant été rendue possible par l'enseignement, la vie et la mort de Jésus-Christ. » Il est temps de prendre au sérieux les deux niveaux dont il est question ici et d'apprendre à percevoir également la relation de l'exercice et de la Grâce dans cette double perspective.

Quand, dans sa totalité, l'homme n'est centré que sur le moi naturel, à partir duquel n'a de réalité « objective » que ce qu'il peut concrètement constater, appréhender sur un plan matériel et à partir duquel ne sont tenues pour légitimes que les seules valeurs *objectives* du beau, du bien et du vrai, quand son accomplissement ne passe que par un travail, aussi désintéressé fût-il, au service d'une œuvre, de son prochain ou de la collectivité, il va de soi que s'il vit quelque chose qui lui paraît être du domaine de la Grâce, il attribuera à celle-ci une origine divine se situant en dehors de l'humain. Ce dont il est gratifié n'a pour lui, à l'évidence, rien à voir avec son mérite, ses exercices ou ses efforts de développement personnel. Mais, au fond, le bénéfice que l'on retire de l'exercice n'a *jamais rien* à voir avec le don de la Grâce et les vertus elles-mêmes — fruits du renoncement et du respect fidèle de la Loi — n'ont aucune influence sur ce que le « Dieu lointain » — et proche *parce que* lointain — a réservé à l'homme. Cependant, il faut souligner qu'à ce niveau, comme à tous les autres, il est possible à l'homme de prendre conscience que son obstination et son endurcissement le ferment à l'action de la Grâce, et il peut s'efforcer de s'ouvrir progressivement à cette action, avant tout par la prière et une attitude de foi, d'espérance et d'amour. Mais cette prière, cette attitude, lorsqu'elles sont constantes, ne sont-elles pas aussi le fruit de l'exercice ? Il faut donc bien dire qu'il se produit là quelque chose qui se situe au point de convergence et d'interaction de l'exercice et de la Grâce reçue.

La prise en compte sérieuse de ce qui se manifeste à nous par les expériences de l'Être, nous permet d'avoir une représentation élargie de ce qui appartient à la Totalité de l'homme, à une anthropologie dont les horizons dépassent largement ceux qui prévalaient jusqu'ici. Nous ne pouvons, par ces expériences, prendre conscience que le Supra-naturel et le Supra-terrestre ne sont pas à chercher hors de l'homme, mais que le noyau de l'homme est ce qui en lui dépasse sa nature, c'est-à-dire sa personnalité conditionnée par le monde. La part inconditionnée de l'homme, d'origine « céleste » et qui s'est incarnée en lui, n'a été jusqu'à présent, pour la majorité des individus, qu'une question de croyance religieuse. Les raisons pour lesquelles nous n'avons pas encore suffisamment porté attention à ce qui nous touchait au plus profond sont nombreuses. Quoi qu'il en soit, ces expériences sont dévalorisées, méprisées, tenues pour « seulement subjectives » parce que nous déclarons que la seule conception de la réalité qui est valable est celle qui correspond à la conscience objective. Comme les catégories reconnues par cette dernière ne laissent absolument aucune place au non-objectif, cette conscience objective est donc totalement inapte à juger des expériences de Transcendance. Le temps est venu à présent de rejeter les tabous et de reconnaître comme Centre de l'homme qui vit, souffre, cherche et aime — en bref, de l'homme véritable — « l'Inconditionné », le « Supra-humain », le « Supra-terrestre », qui dépasse les capacités du moi existentiel et ses horizons. L'Absolu qui nous est révélé de l'intérieur par les expériences de l'Être qui transcende les catégories du moi existentiel, et qui le réduit souvent à néant, est de caractère métaphysique ; et il faut prendre garde de ne pas réduire le contenu des expériences de l'Être à celui de l'inconscient personnel conditionné et de ne pas le ramener à un objet d'études évaluable par la psychologie traditionnelle.

Cet Absolu, c'est notre Être le plus profond, c'est la manière dont le Divin inconditionné s'individualise et désire, en nous et par nous, se manifester dans le monde. Le moi profane, son monde et ses catégories, en se durcissant, en se sclérosant, en s'opacifiant, dissimulent l'Être, mais celui-ci peut aussi, parce que l'homme souffre de cette situation, se révéler à travers eux.

La connaissance et l'intégration de la tension entre le moi profane et l'Être essentiel constituent le thème fondamental de l'existence humaine. La résolution de cette opposition est, bien sûr, liée à sa mise en évidence.

Les expériences par lesquelles l'Être essentiel pénètre dans la conscience de l'homme sont de natures très diverses : entre l'imperceptible Toucher de l'Être, léger comme un souffle et plein de cette qualité du Numineux qui échappe généralement à celui qui n'est pas averti, et la puissante irruption de la Transcendance qui libère instantanément l'homme de la captivité de son moi existentiel, il existe des contacts et des expériences de l'Être sous des formes et des degrés infinis de profondeur. Les plus évidentes et les plus convaincantes sont certainement celles par lesquelles, en un instant, disparaît une des angoisses fondamentales de la vie humaine : la peur de la mort, la détresse devant l'absurde, le désespoir engendré par la solitude. De façon foudroyante et impérieuse peut nous être révélé quelque chose qui est totalement étranger et inaccessible à l'idée de mort, d'absurdité et d'abandon. Cette Dimension Tout Autre qui fait irruption ici (plus exactement qui éclôt en nous), nous pouvons aussi la vivre autrement que comme la libération d'une souffrance aiguë, en l'absence de toute détresse, comme une infinie Béatitude, comme une promesse qui s'épanouit en nous. D'un coup, tout, même les objets qui nous entourent, prend un sens complètement différent, toute chose devient manifestation de son être propre ; on voit que toute chose recèle un Être non objectif, qui à la fois s'y manifeste et s'y dissimule sur un mode contingent. Simultanément, celui à qui une telle expérience est donnée sait que désormais, dans son moi existentiel relatif, il est fondamentalement, c'est-à-dire dans son être, totalement différent. Il est « tout autre », et son devoir est alors d'en témoigner dans le monde. La légitimité de ces expériences est prouvée par une certaine qualité qui ne peut se confondre avec nulle autre, par le rayonnement qu'elles produisent, et plus que tout, par les transformations qu'elles amorcent ou engendrent. Et par ces expériences, l'homme n'est pas seulement libéré des détresses existentielles du moi profane, mais — et c'est là le critère décisif de leur validité — il prend conscience de sa nouvelle responsabilité. Il s'éveille à une nouvelle conscience. Il perçoit un appel. Il entend à proprement parler sa « Parole innée », à laquelle il lui appartient à présent de répondre. Cet éveil à son Être essentiel est vécu comme une libération des sortilèges du monde contingent et comme une injonction impérieuse de l'Absolu. Cet éveil est une « intronisation », une expérience initiatique, une ouverture des Portes du Mystère qui nous habite. Cet événement permet à l'homme de monter d'un degré, « d'accéder à un ordre supérieur » et il acquiert un rang nouveau au sein de la hiérarchie humaine — ce qui ne nous empêche pas d'être (et de rester) tous « égaux devant Dieu ». Faire partie des appelés est une charge que l'on doit porter avec humilité. L'humilité c'est ne pas vouloir paraître plus que ce que l'on est, c'est aussi ne pas paraître moins que ce que l'on est, et en particulier pas moins que ce que l'on est « dans son être » et que l'on a expérimenté ; et plus précisément encore, avec tous les devoirs auxquels cela engage, pour soi et pour les autres. Chez l'homme qui s'est éveillé à l'Être essentiel et qui en a reçu une nouvelle vision du monde (Novalis dit que l'homme voit alors que « tout visible est un invisible élevé à l'état de mystère »), les traditions et les structures qui se sont développées à partir de l'ancienne vision de l'homme, de son monde et de ses relations à Dieu, ne sont pas seulement éliminées, mais intégrées dans une perspective élargie qui leur permet de se réaliser dans un sens plus profond. Cette nouvelle vision nous révèle leur sens ésotérique, qui n'est jamais le résultat d'une interprétation ni de l'« approfondissement » d'un enseignement reçu, qui, rationnellement exprimé, est tout autant susceptible de dissimuler que d'exprimer. Le plus grand cadeau qu'une véritable expérience de l'Être puisse faire à l'homme, c'est une nouvelle prise de conscience. Parce que cette expérience fait de lui un autre, il voit désormais avec un autre regard et, aussi, autre chose. La réalité concrète du monde matériel auquel il est confronté ne cesse assurément pas d'être matérielle, mais sa matérialité même est perçue comme immatérielle dans la profondeur de son noyau. Dans l'ordre existentiel l'homme ne pourra être sensible à cette perception et y répondre que dans la mesure où il la tiendra pour véridique et la prendra au sérieux. « Si notre œil n'était sensible à la lumière, jamais le soleil ne l'éclairerait... » L'accès à ces mondes supérieurs n'est possible que par cette nouvelle prise de conscience. Malgré tous ses efforts pour accéder à ces mondes supérieurs à l'aide de sa conscience naturelle il échouera, car il restera prisonnier de ses anciennes façons de voir. Mais lorsqu'il sera parvenu à cette nouvelle conscience née au plus profond de son être, les choses les plus insignifiantes dans le monde connu lui apparaîtront sous un jour nouveau ; et sous les vieilles formes connues lui apparaîtra le Mystère de l'Éternel-Non-Connu. Le regard de l'Être perçoit dans la rencontre, spécialement dans la rencontre d'un autre homme, l'Être dans l'autre. Cette présence de l'Être essentiel rend transparent l'intermédiaire opaque jusque-là dominant, qui faisait de tout un objet. L'Être se révèle, qui était jusqu'à présent voilé par l'écran suscité par les fonctions dissociatives de cet intermédiaire. Par contre, tant que nous ne rechercherons qu'avec la conscience naturelle ce que nous croyons être la Transcendance, celle-ci ne se manifestera que sous des formes qui ne refléteront que le caractère et les structures d'une conscience qui nous sépare d'elle. Le résultat s'avérera surtout fatal quand on confondra les représentations d'une réalité objective valable pour le moi existentiel avec les représentations d'une Transcendance qui ne dépend pas du sujet qui expérimente. Alors toute expérience de Transcendance devient nécessairement suspecte de pure et simple subjectivité. Aujourd'hui, nous parvenons à cerner les critères de valeur de cette expérience, ses qualités spécifiques, sa profondeur et sa force de transformation. Quand l'homme a connu l'irruption de la Réalité supra-terrestre, quand il a saisi que ce qui, dans sa nature, le dépasse est le mode d'existence en lui d'un Être inconditionné, que c'est là son principe de vie, son Centre, son Être propre, alors la notion de Grâce prend pour lui un sens nouveau et il envisage sous un nouvel aspect les relations de l'exercice et de la Grâce. Celle-ci ne lui apparaît plus, alors, comme un don extérieur, mais il éprouve que c'est son Être propre, dissimulé par le moi existentiel lui-même, qui lui est Grâce connaturelle infuse ; le véritable don de la Grâce, c'est de le rendre conscient de ce qu'il *est* au fond de lui-même, c'est de le rendre capable de réaliser qu'il porte en lui son noyau et sa promesse.

Prendre pleinement conscience de ce don, s'ouvrir à lui et, par conséquent, se mettre au service de l'Être divin présent dans cette Grâce, c'est là son devoir et sa mission. Accomplir cette mission, c'est le but de l'exercice.

LE BUT DE L'EXERCICE

Le niveau atteint grâce à l'expérience de l'Être et tout ce qui touche à cette expérience implique un exercice différent de ceux auxquels s'astreint l'homme naturel. Ceux-ci s'appuient toujours sur une technique qui vise à l'acquisition ou à l'application d'un savoir-faire au service d'une réalisation ; celle-ci, fruit de la volonté humaine, est donc soumise à la critique et au jugement humain. Un tel travail peut avoir pour résultat une conduite morale acquise à grand-peine, avec abnégation, dans le renoncement, le dévouement et la discipline personnelle. Tout cela fait partie intégrante de l'existence humaine, mais n'a aucun rapport avec les effets de la Grâce. Il en va autrement pour l'homme initiatique. Chez celui-ci, Grâce et exercice interfèrent, interagissent ; car la Grâce ne se manifeste que dans l'accomplissement de l'exercice transformateur qui tend vers elle et qui est suscité par elle, et l'exercice n'a de valeur que s'il permet l'acquisition d'un état intérieur dans lequel se réalise progressivement la Grâce, le Don de l'Être. Cette promesse et cette mission, c'est l'homme qui, dans son moi existentiel et dans l'ordre du monde, témoigne de la Parole Vivante qu'il porte en lui. L'exercice trouve alors son origine, la source de sa puissance, sa direction et sa légitimité dans l'expérience de l'Être essentiel inné, et dans la manière dont nous faisons personnellement l'expérience du Divin présent en nous. Cette Grâce apparaît comme la Voix de la Conscience Absolue qui nous contraint impérieusement à entreprendre l'exercice afin de devenir toujours plus conscient d'Elle. La conscience existentielle (relative) que nous *avons* des choses nous empêche de réaliser ce que nous *sommes* dans notre Être ; c'est pourquoi, il s'agit, chez celui qui est éveillé à son Être essentiel, de développer et de renforcer cette « conscience intérieure » qui ouvre l'homme à l'Être, au lieu de le fermer.

L'Être essentiel n'est pas « quelque chose », il ne peut jamais devenir objet. Prendre conscience de l'Être essentiel, ce n'est jamais percevoir quelque chose d'objectif, de concret ; cela signifie bien plutôt que l'homme adopte une attitude totalement différente, dans laquelle il s'ouvre à l'indicible et par laquelle « Dieu peut aller et venir » dans tout ce que nous voyons et faisons. Pour l'homme naturel, vivre pleinement, c'est jouir sereinement des plaisirs de la vie et se mettre de façon désintéressée au service du monde, de son prochain, de la collectivité, d'une œuvre. Pour l'homme initiatique, cela n'est pas exclu ; mais il l'inclut dans son cheminement évolutif comme témoignage de l'Être essentiel dans l'existence. Aimer, vivre et se rendre utile dans le monde constituent autant d'épreuves, mais aussi la possibilité de se mettre au service d'un Être plus élevé qui n'est pas une réalité flottant dans l'empyrée et à laquelle on adhérerait, mais une Qualité particulière ressentie dans tout ce qui est vécu ; présence d'une Vie supra-terrestre qui est au-delà de la vie et de la mort, d'un Sens qui est au-delà du sens et du non-sens de ce monde, et d'une confiance qui est au-delà de tout sentiment humain de sécurité ou de solitude. La dimension vécue de l'Être essentiel ne dépasse pas seulement la notion d'objectivité, elle transcende aussi l'opposition des contraires.

L'homme d'aujourd'hui parvenu à la limite des possibilités humaines est devenu attentif à la voix de cette Dimension qui le touche souvent au cœur de son quotidien. Cette voix est alors toujours portée par une vibration sacrée qui nous interpelle d'ailleurs. Ils sont plus nombreux qu'on ne s'y attendrait, ceux qui font l'expérience de la qualité du Numineux qui envahit subitement tout le vécu et force leur attention. Lorsqu'ils ont la chance — et c'est là aussi la Grâce — d'y être attentif et d'y prêter intérêt, alors une nouvelle vie peut commencer, ou tout au moins une nostalgie peut s'éveiller en eux, qui donne une nouvelle orientation à leur recherche du sens de la vie.

Au début d'une vie initiatique il n'y a pas toujours une expérience majeure de l'Être qui transforme l'existence de manière spectaculaire. A celle qui foudroie et jette un nouvel éclairage sur l'existence, s'oppose une autre possibilité, celle d'une lente émergence à l'autre niveau, suscitée par de nombreuses petites expériences. Mais même dans ce cas, il s'agit d'un saut et il est nécessaire que l'homme prenne conscience de son nouvel état. Bien des hommes qui l'ignorent eux-mêmes ont déjà atteint ce niveau, mais parce qu'ils l'ignorent et que leur conscience reste prisonnière de leur ancienne façon de voir et de l'ordre ancien des choses, la nouvelle vie qui s'ouvre à eux reste stérile. Savoir cela est important, en un temps où la vie est de plus en plus désaxée. La Grande Vie, contrainte par la raison abstraite, les bouleversements sociaux et les prouesses techniques, jaillit par toutes les fêlure et pénètre en nous sous la forme de nouveaux modes de conscience. Le premier exercice de celui qui s'engage sur la voie est de développer l'Organe qui permet de devenir attentif à ces événements, de considérer comme réel et de prendre au sérieux le Numineux, ce signe éternel de la présence tangible du Tout-Autre. Cette qualité du Numineux, qui est comme porteuse des images et des concepts véhiculés par les religions — et qui seule les légitime — est bien plus importante que le contenu des religions. Images et concepts changent avec le temps, mais cette qualité inaltérée nous touche toujours aussi profondément, avec la même Force de libération et par elle, au-delà des mutations formelles des religions, le Divin s'adresse à nous. On peut s'exercer à percevoir et à prendre au sérieux cette qualité et, par là, apprendre à s'ouvrir à ce qui, en elle et par elle, nous parle.

L'enseignement religieux, qui est devenu à notre époque si problématique, au lieu de céder à la tentation rationnelle et vulgarisatrice devrait, au contraire, renouer avec le Numineux, c'est-à-dire avec le sens du *Mystère*, qui est forcément peu répandu. Chaque époque a ses principes et ses représentations spécifiques, l'essentiel reste cependant cette qualité du Numineux en tant que telle. Si on met l'accent sur elle, alors la Source éternelle peut continuer à couler, indépendamment des modifications du contenu et des images sous la forme desquelles elle est de tout temps apparue.

EXERCITIUM ET RÉPÉTITION

Leur destination oppose évidemment l'exercice initiatique et l'exercice naturel. Ils ont cependant un point commun : la *répétition*. Sur le plan naturel, l'exercice veut développer une capacité, que cela concerne une action, une œuvre ou une réalisation d'ordre éthique. L'exercice à caractère initiatique vise une transformation qui tend vers l'Être. Même si le savoir-faire est une condition préalable, le but est de développer une attitude personnelle, et l'exercice doit en créer les conditions. Il s'agit toujours de perméabilité, de la Transparence à la Transcendance de celui qui s'exerce. Ceci vaut aussi bien pour les exercices qui rendent possible l'expérience de l'Être que pour ceux qui visent à développer, renforcer et asseoir les attitudes et les dispositions d'esprit qui lui correspondent ; car une seule Illumination ne saurait suffire à faire un « initié » ; l'exercice devra se poursuivre, même si c'est à un niveau différent.

Tout exercice est une répétition, que ce soit de mots, de sons, de mouvements, etc. Cette répétition vise à éliminer ce qui fait obstacle à la disposition recherchée et à favoriser, à incorporer ce qui la rend possible. La répétition de l'exercice spirituel n'est pas facile en notre époque qui, par réaction à l'emprise de plus en plus envahissante de notre société technocratique, privilégie la *spontanéité*, l'intelligence créatrice, etc.

Tout nous pousse à aimer, à créer, à agir... ici et maintenant, dans l'instant. On n'accorde pas non plus sans réticences une place à la répétition comme moyen de développer le sentiment religieux, car elle s'oppose à l'idée que c'est précisément dans le caractère instantané, *unique*, de la relation personnelle à Dieu que réside l'originalité essentielle du religieux et que ce caractère imprévisible tient à la nature de l'homme. Mais c'est justement la répétition de certaines attitudes précises qui peut susciter les conditions favorables à cette spontanéité issue des profondeurs et à l'ouverture au Divin qui surgit toujours de façon unique. Il y a enfin un troisième obstacle à la répétition de l'exercice, c'est que cela nécessite de la *discipline*. Et à ce mot réagit négativement toute une génération qui répugne à l'autorité au point de rejeter toute forme de règle et d'ordre. Car le principe de répétitivité signifie qu'il « faut » faire et refaire, encore et toujours, indépendamment de l'humeur et de l'envie du moment. Mais il importe de distinguer ici entre une discipline autonome, qui résulte d'un libre consentement par lequel l'homme se place sous l'autorité de son propre Être essentiel, et une discipline hétéronome qui est obéissance à une autorité extérieure.

L'automatisme de la pratique a pour but immédiat ce qui est la finalité de l'exercice, c'est-à-dire la Transparence, et il vise à déconnecter ce moi qui objective, qui veut toujours répéter ce qui lui réussit et vit dans la crainte de l'échec. Ces trois moments, le constat et la fixation objectifs, le vouloir-faire obstiné et la peur d'échouer sont un obstacle à l'intériorisation et à la mise en œuvre de cette Réalité qui se dérobe à tout ce qui est rationnel, ne peut jamais être l'objet d'un « faire » et devient efficace seulement quand l'homme fait taire les connaissances et la volonté d'agir qui lui sont propres. Mais que se passe-t-il ? qu'est-ce qui est expérimenté quand le moi se retire, sans que, pour autant, l'homme s'endorme ?

Tout culte religieux comporte dans ses débuts des chants et des danses qui consistent en répétitions inlassables de mouvements rythmiques et de séquences mélodiques identiques. De tels exercices permettent d'abolir les formes spécifiques de conscience propres à l'homme naturel — formes qui tendent à « prendre position » — et le transportent hors de lui, le mettent dans un état particulier d'extase. Il sort de son moi, où il se pose comme soi en s'opposant à l'autre, et pénètre extatiquement dans quelque chose de plus vaste qui l'englobe, où simultanément et avec bonheur il se sent libéré et accueilli. Comme dans un vertige, il est transporté au-delà de ses limites étroites et de ses horizons habituels, et se voit offrir, non seulement le contact avec une Autre Dimension, mais aussi l'expérience d'une Réalité plus vaste d'où il est originaire et au sein de laquelle il se retrouve chez lui. Une telle expérience n'est-elle que primitive, et seulement accessible à l'homme primitif ? Ne contient-elle pas aussi quelque chose qui a attiré précisément l'homme supérieurement évolué, et plus particulièrement celui qui est prisonnier de l'ordre rationnel et vaniteux de ses réalisations ? N'y a-t-il pas dans son individualité prétentieuse quelque chose qui le sépare de son Unité Originelle, vers laquelle il est en même temps toujours attiré, parce que son être y participe de façon inaliénable ?... Plus l'homme s'éloignera de cette Unité Originelle, plus il en ira ainsi. Et plus il s'en éloignera, plus il sera saisi par Elle, en profondeur et avec puissance, lorsqu'un jour à nouveau il saura s'y « laisser aller », s'y abandonner complètement. Ce « laisser-aller » peut cependant revêtir deux significations : l'une à caractère régressif, « vers le bas et en arrière », l'autre, « vers le haut et en avant », traduisant une progression. Ce « laisser-aller » peut prendre la forme d'un engloutissement dans le Grand-Tout-Originel, qui vu de notre monde est un néant dans lequel s'abîme toute diversité ; au contraire, il peut permettre le contact avec la plénitude indivise de l'Être, qui, se révélant dans la diversité, se manifeste dans le rayonnement de toutes choses. Ceci permet de porter un jugement indiscutable sur toute expérience ou exercice à caractère religieux.

Alors que l'expérience extatique permet à l'homme naturel, non encore évolué, de retrouver une forme de Présence de l'Être, qui, à l'évidence, éclaire et nourrit de façon déterminante une existence naturelle qui demeure encore pour lui le « Pôle » essentiel, pour l'homme évolué, plus particulièrement pour celui qui est engagé sur la voie initiatique, l'immersion complaisante dans le Grand-Tout peut constituer une régression et une infidélité par rapport à un niveau de développement dont il ne *doit* plus déchoir. Mais régresser en apparence, ce peut être aussi « reculer pour mieux sauter[1] », car justement, l'expérience du vide dans le Grand-Un peut constituer un tournant décisif vers une expérience plus profonde, celle de la « multiplicité » comme plénitude. Dans le premier cas, toute matérialité objective se dissout purement et simplement et l'homme, l'être conscient, s'éteint comme dans l'inconscience de l'ivresse. Dans le deuxième cas, on éprouve également la dissolution de la réalité environnante, ce qui est vécu comme une délivrance de toute matérialité et de tout antagonisme ; non point en tant qu'Unité Originelle ayant précédé toute différenciation et dans laquelle celle-ci se réengloutit, mais comme expérience de la Présence du Tout-Un, qui est bien entendu le Principe Créateur de toute réalité naturelle éprouvée comme objective. C'est de cette façon que le Tout-Un peut pénétrer l'intériorité de l'homme, dans la mesure seulement où il a pleinement adhéré à cette matérialité qui s'est opposée à lui, et s'il s'en sépare sciemment sans qu'elle cesse simultanément

---

1. En français dans le texte.

d'être le fond vibrant de ce qu'il éprouve présentement. Il faut remarquer ici que l'homme ne *peut* éprouver en lui-même cette différence, plus précisément cette opposition entre la réalité qui se donne comme matérielle au moi naturel et l'Être qui transcende toute matérialité et toute opposition, que s'il est présent, en tant que sujet percevant (pour lequel l'un se distingue de l'autre), comme troisième élément représentant la Totalité, sujet qui ne se reconnaît, ne s'éprouve et ne se vit pleinement, en tant que véritable Soi, que dans la tension vivante entre l'Être essentiel et le moi naturel. Aussi longtemps que le sujet s'identifie à un seul de ces deux pôles, aucun des deux ne lui apparaît en pleine conscience. Or, ce qui importe précisément ici, c'est l'éveil à un nouvel état de conscience qui permet d'éprouver, grâce aux potentialités du soi, dans la dimension naturelle existentielle, la présence de l'Autre Dimension, celle du Supra-humain.

Sur un plan initiatique le Tout-Un ne sera pas éprouvé seulement comme un Originel, féminin et salvateur, mais également sous son aspect masculin et créateur. Être accueilli dans le Tout Originel et s'y fondre, cela peut être vécu comme l'entrée dans la Grande-Mère universelle qui embrasse tout : à un certain niveau c'est le point le plus élevé que l'on puisse atteindre. Mais pour l'Appelé, cela représente un dangereux refuge, car il y a aussi un repos paisible, un assoupissement d'origine apparemment divine sur le chemin, qui est démoniaque, c'est-à-dire œuvre de l'Adversaire.

Lorsque par l'exercice, il sera permis à l'homme d'appréhender quelque chose de la Dimension Tout Autre, quand il émergera des tréfonds, lui et le monde qui l'entoure seront transformés. Le retour à la réalité quotidienne n'aura rien d'un désenchantement, comme le réveil après la griserie d'un voyage au LSD, mais sera vécu comme un nouvel enchantement, car le monde lui-même aura un éclat tout neuf. Il ne le percevra plus seulement dans son apparente platitude matérielle, mais aussi dans sa transparence à l'Être qui l'habite. Cette nouvelle vision n'est pas seulement le fait d'une contemplation des choses, attentive au moindre détail, pleine d'amour et de sollicitude, il faut aussi que le regard soit transformé. Quand l'œil nouveau s'ouvre dans l'obscurité du vide sans objet, l'Être apparaît au travers de ce qui est vu. Ainsi l'exercice ne mène ni à la négation ni à l'extinction du monde objectif, mais à sa sublimation, c'est-à-dire pratiquement à sa sanctification. Et l'on comprend, si on a fait cette expérience, l'axiome des bouddhistes les plus évolués selon lequel *Samsara*[2] et *Nirvāna*[3] ne font finalement qu'UN, et que celui qui n'a pas encore perçu cela n'est pas très avancé. Ceci est une vérité universelle concernant l'expérience et la connaissance, un degré précis dans l'évolution de la conscience. La question cardinale, qui différencie l'Orient et l'Occident, est de savoir si l'homme doit totalement s'épanouir et finalement se dissoudre dans cet Être supra-naturel, ou s'il peut et doit, à partir du contact conscient avec l'Être essentiel, reconnaître, aimer et structurer plus profondément le monde matériel et objectif.

Quel rapport y a-t-il alors entre l'Exercice, au sens initiatique, et la Grâce ? Encore une fois, la Grâce se révèle sans rapport avec le bénéfice de l'exercice. D'une part, l'Être inné et la possibilité d'en prendre conscience préexistent, indépendamment de tout exercice. D'autre part, aucun exercice, même pratiqué pendant des années, ne peut forcer l'Éveil à l'Être, ne peut contraindre l'Être à se révéler et à agir, ni garantir la persistance de l'état béatifique lié à cette expérience. On rapporte cela des plus grands maîtres zen, comme par exemple d'Hakuin, qui avait beaucoup de petites, mais rarement de grandes expériences du Satori.

Les petits Touchers de l'Être sont différents des Grandes Expériences, qui, telles une explosion, transportent, pour un temps, l'homme totalement hors de lui. Celui qui est éveillé, peut, dans une certaine mesure, s'ouvrir et se tenir ouvert à ces petits Tou-

---

2. Samsara : l'univers et son devenir, le monde relatif et son perpétuel recommencement, la suite des existences et des renaissances.

3. Nirvāna : extinction spirituelle du moi individuel séparé.

chers afin de réussir à goûter de plus en plus fréquemment à la Présence de l'Être, et ceci non seulement pendant l'exercice, mais aussi dans le quotidien. Il existe enfin des états prolongés d'immersion « à l'abri » dans l'Être, auxquels correspond une élévation à un autre niveau de l'Être essentiel. Les grands saints connaissent de tels états durables, mais tous ceux qui s'exercent avec constance peuvent espérer vivre, pour des périodes plus ou moins longues, de tels états de particulière transparence.

Aucun exercice au monde ne peut contraindre la Grâce à se manifester. Ce à quoi certains peuvent, néanmoins, contribuer, c'est à multiplier les conditions qui permettront à la Transcendance qui nous habite, nous et toutes choses, c'est-à-dire au Christ, au Verbe, d'accéder à notre conscience. Et si un jour l'oreille et l'œil intérieurs se sont réellement ouverts, il existe alors un exercice qui permet de les maintenir tels, et ce plus particulièrement dans nos rapports avec les autres hommes. La parole : « se rencontrer dans le Christ », cesse alors d'être vide de sens, de constituer une exhortation sans effet. Elle exprime en vérité ce qui se passe vraiment : que le Christ se rencontre lui-même à travers deux hommes — s'il est permis de parler ainsi. Et c'est là le fondement de l'incommensurable bonheur d'une rencontre personnelle plus profonde.

MÉDITATION ET RÉPÉTITION

La répétition joue un rôle déterminant dans la méditation, quand celle-ci est comprise non comme la contemplation, l'intériorisation d'un objet (que celui-ci soit une chose, une image ou une parole), mais comme un exercice en vue de la transformation. Le but de l'exercice est la déconnexion du moi qui par nature est lié aux objets par l'automatisme de ses fonctions. Cela rend possible une présence de l'Être à laquelle l'homme ouvre sa conscience intérieure, celle-là même qui s'enracine dans l'Être.

Sur ce principe repose dans la tradition japonaise la pratique des arts martiaux et les pratiques artistiques en tant que moyen de découverte et de libération de l'Être. Celui qui s'exerce met ainsi une technique parfaitement maîtrisée, c'est-à-dire un savoir-faire débarrassé de son moi, à la disposition d'une Force plus profonde dont il devient conscient parce qu'il en voit le rayonnement et qu'elle accomplit pour lui l'action d'éclat. Ces moments de parfaite réussite, ces hauts faits, sont rares, même pour les grands maîtres et ils n'en disposent pas à leur aise.

Lorsque évoquant la pratique de tels exercices, on parle de la genèse de la conscience intérieure délivrée de l'objectivité, il ne s'agit nullement de quelque chose de tangible. Un maître oriental a dit :

> La sagesse orientale regarde vers l'intérieur ; celle de l'Occident considère l'extérieur. Mais si l'on regarde vers l'intérieur comme on regarde vers l'extérieur, c'est-à-dire objectivement, on fait alors de l'intérieur un extérieur.

Nous nous permettons ici d'ajouter qu'il nous faudrait apprendre à regarder vers l'extérieur, à considérer les choses comme il faudrait le faire quand on regarde vers l'intérieur, de façon non objective, en ayant en vue leur *Être* supra-matériel. Et ce n'est pas là, répétons-le, quelque chose de tangible, mais la réponse faite à la quête de l'homme, équivalent exact à son ouverture, et qui se traduit en Qualités, Élans et Forces qui font éclater de façon extraordinaire les limites habituelles du moi.

Dans toute méditation fondée sur la répétition, la respiration a toujours tenu un rôle important. Elle est en soi l'éternel recommencement d'un mouvement de transformation. Si on ne la réduit pas au mouvement « physique » purement inconscient du corps que l'on a, si on l'exerce consciemment comme une attitude du corps que l'on est, elle peut alors devenir, en toute spontanéité, un moyen de transformation par lequel il est possible à l'Être de pénétrer en nous. La respiration devient alors assurément autre chose qu'une suite d'inspirations et d'expirations.

Expirer, c'est alors se lâcher, et inspirer, c'est revenir à soi régénéré. Plus précisément, expirer c'est s'abandonner, se donner, se déposer, s'offrir ; c'est enfin se laisser-devenir-un avec le fond, et de cet abandon peut naître une inspiration (que l'on ne « fait » pas, mais qui se fait d'elle-même) qui permet de se recevoir en retour, de se retrouver à nouveau. Celui qui, des profondeurs, revient à soi, n'est plus tout à fait le même s'il a vraiment réalisé les trois possibilités contenues dans l'expiration ; chaque mouvement l'a un peu transformé, l'a fait progresser vers l'union avec l'Être, l'a un peu libéré de son moi, l'a ouvert, lui a permis d'être un peu plus lui-même, d'être mieux dans sa forme, mieux relié, plus fort. Quand cet exercice est répété jour après jour et que sa formule devient une formule de vie, alors il se fait « œuvre », et se porte de façon légitime à la rencontre de la Grâce. C'est encore une erreur de ne considérer l'exercice en vue d'une transformation que comme un exercice préparatoire, et de croire que la pratique « chrétienne » n'intervient qu'en relation avec des contenus de foi spécifiques. Bien plus, ces « contenus de foi » peuvent et doivent être médités dans cet esprit, sous cette forme, selon cette formule, et inversement, cette formule est en elle-même efficace — du point de vue de ces contenus de foi — lorsqu'elle est bien comprise, et tout particulièrement si c'est un chrétien qui l'utilise.

La formule que nous venons de définir est la formule de base de toute méditation envisagée comme exercice de transformation, elle est valable universellement, en tout lieu et à toute époque. Seul celui qui s'est exercé chaque jour au moins pendant une demi-heure, silencieusement recueilli, pendant plusieurs semaines, jusqu'à ce que cette attitude soit devenue fondamentale dans le quotidien, peut juger de son efficacité. Alors « chaque situation est la meilleure des occasions », en particulier dans toutes les situations qui se répètent quotidiennement. Les tâches ménagères, épluchage des pommes de terre ou vaisselle, les mêmes gestes toujours recommencés de l'artisan ou de l'artiste, le rite répété de la Sainte Messe sont alors une occasion propice pour l'Autre Dimension de se manifester. Celle-ci se manifestera en lui et à travers lui, elle le rendra plus profond et plus heureux, elle le libèrera et rayonnera de lui comme une force bienfaisante ; car la répétition d'un « savoir-faire » peut, comme la respiration, contribuer à l'approfondissement initiatique, à condition bien entendu que celui-ci soit recherché. Et c'est bien dans ce sens qu'il faut entendre le précepte japonais :

> Pour qu'une chose acquière une dimension religieuse, deux conditions suffisent : elle doit être simple et réitérable.

Ainsi en va-t-il, par exemple, de la station debout, de la marche, du chant, de la parole — et pas seulement dans la prière, comme la prière de Jésus ou le rosaire, dont le contenu religieux est explicite — mais aussi de l'exécution techniquement maîtrisée, du geste toujours répété de l'artisan ou du sportif.

De même que la méditation pratiquée comme une « plongée » silencieuse, toute activité menée de façon méditative, conduit à la libération des forces de l'Être par-delà l'expérience de la vacuité. Celle-ci est entendue ici comme l'absence de tout contenu de pensée en relation avec le moi profane, que ce soit des images, des concepts, des pulsions émotionnelles ou des états d'âme. La nécessité de connaître cet état débouche rapidement sur un désaccord quant à la forme de méditation à privilégier : avec ou sans objet. Ici un malentendu est fréquent : on confond la différence entre le sens donné au mot méditation par l'Orient et l'Occident, et la différence qui existe entre deux techniques qui peuvent être mises au service de l'une ou l'autre conception. On peut rechercher le vide de la conscience par le moyen de la méditation avec objet (par exemple en le regardant fixement), ou par la recherche mieux fondée du noyau essentiel de toute chose, d'un sens plus profond de tout ce qui existe. Cette recherche passe par une période de vacuité de la conscience qui permet d'abolir la cloison derrière laquelle les objets apparaissent dans leur rigidité matérielle, leur pétrification formelle et qui rend possible l'apparition de l'*Être*. La pluralité doit se taire, afin que l'Un, dont la nécessité se fait sentir, puisse s'exprimer. De tout et de partout nous parvient la Voix de l'Être divin. Reste à savoir si notre oreille est capable de l'entendre, si nous sommes un instrument suffisamment sensible pour le percevoir et le laisser résonner en nous. Un exemple de méditation qui repose délibérément sur le vide est la méditation Zen. Cette forme de pratique méditative nous est particulièrement adaptée, à nous Occidentaux, puisque notre corps joue un rôle essentiel en tant que temple et véhicule de l'esprit. La posture elle-même devient symbole vivant, expression totale de la manifestation de l'Être. La « reprise inlassable » dans la méditation a pour effet de témoigner, ici et maintenant, de la présence de l'Être, libre des contingences, dans le corps (pas seulement dans l'esprit), dans la forme individuelle spécifique. A partir de là, le quotidien lui-même peut être vécu inlassablement comme un exercice méditatif.

C'est seulement à ce niveau, qu'il atteint par l'expérience de l'Être, que l'homme peut comprendre la parole du Christ : « Mon royaume n'est pas de ce monde. » Et de fait, tout semble bouleversé par cette expérience lorsque l'homme s'y enracine. Ce qui paraissait négatif devient positif ; ce que l'homme naturel craignait est à présent accepté et reconnu. Ce qui était considéré comme saint par la Tradition sera peut-être transgressé. Une exigence morale intangible sera, sous certaines conditions, remise en cause. Ce que l'on vivait comme un malheur sera, à présent, ressenti comme une bénédiction... Celui qui est transfiguré par l'Être, et qui ne se sent plus de responsabilité que devant lui, apparaît souvent comme « plus très normal ». Il apparaît dé - rangé, et de fait il l'est !

C'est alors seulement que les rudes paroles du Christ : « Je ne suis pas venu apporter la paix, mais l'épée », « Laissez les morts enterrer les morts », « Femme qu'ai-je à faire avec toi ? », etc., incompréhensibles et effrayantes pour l'homme naturel, deviennent claires et prennent leur pleine signification. De telles exigences nécessitent une rupture inconditionnelle et irréversible de l'homme avec sa communauté, avec la société. A l'absence totale d'égoïsme dans le service du prochain et de la collectivité s'ajoute l'exigence de n'être fidèle qu'au seul progrès vers un moi plus profond fondé sur l'Être ; cela peut mener jusqu'à ignorer les impératifs sociaux et à accepter des souffrances que l'homme naturel évite.

L'homme initiatique ne voit plus seulement l'effet de la Grâce dans la réalisation de ses aspirations, le bonheur de son moi naturel ou la disparition providentielle d'une souffrance. Il la percevra toujours davantage dans les situations où son moi naturel est déçu dans ses attentes. Une menace d'anéantissement, l'expérience de l'injustice ou un douloureux sentiment d'abandon seront reconnus comme moyen de progresser sur la voie du chemin intérieur et acceptés comme occasions d'exercer l'éternel « meurs et deviens ». Plutôt que de réclamer une consolation, il faut avoir pour loi d'accepter l'inacceptable. Dans la mesure où l'homme, par l'effacement de son ego, aura vécu l'éveil de l'Être et se sera ancré en lui, il ne trouvera pas dans la souffrance une raison de s'aigrir, mais un moyen de mûrir. S'exercer à supporter la souffrance n'est plus une offrande héroïque, cela devient l'exercice par lequel l'étincelle devenue flamme, consumera les scories qui dissimulaient le cristal et permettra à celui-ci d'apparaître. Et dans la pratique de l'Exercice, la Grâce connaît alors son plein effet.

CONCLUSION

La Grâce, qui est considérée par l'homme naturel comme un don qui lui vient d'un Dieu extérieur, est pour l'homme initiatique l'accès à la conscience du Dieu intérieur, de son être propre et de celui de toute réalité naturelle donnée comme objective. Alors que pour l'homme naturel l'Exercice est réduit à une performance physique, psychique ou morale, suscitée par les désirs et la volonté d'un moi naturel plein de bonnes intentions, et qui, par conséquent, ne donne jamais accès à la Grâce divine, il signifie pour l'homme initiatique devenir conscient de la Grâce spécifique à son être propre pour s'y conformer. S'y conformer, c'est-à-dire laisser s'exprimer son désir d'ouverture, s'efforcer à la transparence afin de pouvoir l'accueillir et lui permettre de se manifester dans son existence, en lui et à travers lui.

Alors que la conscience de l'homme naturel, à cause de sa tendance spontanée à maintenir, à prolonger et à viser l'« équilibre statique », s'oppose au dynamisme d'une *Vie* qui tend à une permanente transformation, l'*Élan* issu de l'Être vers la réalisation, la libération et la transformation est pour l'homme initiatique au principe même de son action et de sa connaissance. Et par là, Ce qui est connu et celui qui connaît se rencontrent et se découvrent mutuellement dans l'Être, c'est-à-dire dans le Christ. Pour l'homme initiatique, le rapport entre le travail spirituel et la Grâce ne se définit plus par l'opposition entre ce que l'on fait et ce que l'on reçoit, mais par ce que l'on est soi-même inconsciemment par rapport à l'Être, et ce que l'on peut devenir grâce à des exercices spécifiques qui font prendre conscience du Principe de Vie, ce qui débouche sur une authentique Réalisation de soi.

CHAPITRE III

RENCONTRE DE L'OCCIDENT AVEC L'ESPRIT DE L'ORIENT[1]

Lorsqu'on m'a invité, en été 1974, à prononcer pour le 10 novembre le *Nehru Memorial Lecture,* on m'a laissé le choix du thème de mon discours. J'ai opté pour un sujet qui me donnait l'occasion de traiter de problèmes d'une actualité brûlante pour les instances dirigeantes de l'Inde d'aujourd'hui. Mon premier voyage en Inde, je le dois à l'ancien ministre des Transports, le Dr. Karan Singh, qui est actuellement ministre de la Santé. Il avait lu la traduction anglaise de mes ouvrages : *Hara, centre vital de l'homme* et *Pratique de la voie intérieure, le quotidien comme exercice*[2] et ces ouvrages l'avaient tellement intéressé qu'il désirait faire ma connaissance. Mes entretiens avec lui confirmèrent mon opinion : certaines personnes responsables du développement moderne de l'Inde réfléchissent aux moyens de concilier l'inévitable évolution actuelle de la science et de la technique et une éducation qui permettrait de parer aux effets négatifs d'un développement essentiellement tourné vers la domination de la nature, sans pour autant abandonner la tradition de la spiritualité indienne.

Ainsi, dès janvier 1974, au « Centre international » de Delhi,

---

1. Discours prononcé le 10 novembre 1974 à Delhi lors de l'anniversaire du pandit Nehru.

2. Éditions Courrier du Livre.

je tins une conférence présentée par le Dr. Karan Singh sur le thème : « Efficience et maturité ». L'écho que ce discours a trouvé dans le public, la presse et la radio indienne, et qui dépassa largement le cercle de mes auditeurs — puisque Indira Gandhi elle-même m'invita à un entretien avec elle sur le sujet —, me conduisit alors à prononcer, à l'occasion de l'anniversaire de Nehru, le discours dont le texte est reproduit ci-dessous.

Je n'ai jamais oublié les mots du Mahārādjah de Bénarès, qui après m'avoir remercié, ajouta :

> Il y a de nombreuses années, vous les Européens, vous nous avez fait comprendre, à nous autres Indiens, que nous devions cesser d'être prisonniers de notre tradition religieuse afin de nous développer conformément aux exigences de la modernité, dans l'esprit de la science et de la technique. Aujourd'hui, il est de votre devoir — je dirais même que votre responsabilité est engagée — de nous aider à maintenir, au sein du développement moderne, le contact avec une religiosité vivante.

Je suis persuadé que la plupart d'entre vous ont lu bien des choses sur les liens entre l'esprit oriental et celui de l'Occident. Je n'ai donc pas l'intention d'y ajouter une nouvelle théorie. Je voudrais, par contre, tenter de vous parler un peu des rencontres avec l'esprit oriental que j'ai moi-même faites, comme beaucoup de ceux de ma génération au cours des soixante dernières années. Mais permettez-moi de faire une brève remarque préliminaire : l'évolution récente de la spiritualité occidentale reflète une profonde transformation. Comme vous le savez, tout le monde occidental est aujourd'hui en crise. Celle-ci n'est pas uniquement imputable aux problèmes économiques, comme, par exemple, la crise pétrolière. Même si toutes les difficultés économiques pouvaient être résolues, il subsisterait une détresse dont témoigne le réveil du besoin d'une dimension plus profonde exigeant un retournement. Je parle d'un mouvement spirituel concernant le sens même de la vie, qui a son origine dans le sentiment que les problèmes de l'existence humaine ne trouvent pas leur solution dans le seul domaine du quantitatif. L'esprit occidental s'éloigne, aujourd'hui, d'une conception qui consiste à croire que la vie est en premier lieu déterminée par les facteurs quantitatifs pour reconnaître peu à peu que ce qui compte avant tout, c'est le « qualitatif », un qualitatif en relation avec l'accomplissement d'une nécessité intérieure, et non extérieure. La civilisation occidentale, nous le savons tous, est avant tout caractérisée par la maîtrise des circonstances extérieures de la vie et néglige l'importance du développement intérieur de l'homme. En conquérant le monde extérieur, l'esprit occidental a dans une large mesure oublié son âme. Ce nuage assombrit de jour en jour l'horizon de l'humanité, mais il semble aujourd'hui que surgit une lumière annonciatrice de temps nouveaux.

Le récent mouvement de la spiritualité occidentale se caractérise par la redécouverte de la nécessité pour l'âme d'une spiritualité. Et la rencontre avec la tradition de l'esprit oriental joue un rôle primordial dans cette nouvelle orientation.

Je voudrais, cependant, préciser que la transformation spirituelle de l'Occident n'est pas le fait d'une idéologie nouvelle se développant en dehors des dures conditions de la vie extérieure. Il s'agit bien plus d'un nouveau réalisme qui se fonde sur des expériences intérieures irréfutables.

PÉRIODE DE L'APRÈS-GUERRE

Dans notre siècle, c'est surtout après la Première Guerre mondiale que la spiritualité orientale pénétra en Occident. Comme tant d'autres de ma génération, j'étais revenu du front après quatre années où la mort et la destruction étaient omniprésentes. Nous étions obsédés par cette question : comment éviter qu'une telle catastrophe ne se reproduise. La jeunesse d'après-guerre rêvait d'une nouvelle image de l'homme. C'était aussi l'époque où nous redécouvrions la mystique médiévale, Maître

Eckhart en particulier. Mais nous étions également enthousiasmés par la lecture de Lao-tseu, de la *Bagavad-Gita,* du *Tao-tö-king,* du *Y-king* et des sermons de Bouddha. C'était une période de véritable éveil. Moi-même, j'ai fait à cette époque ma « Grande Expérience » grâce à une rencontre avec l'Esprit de l'Orient. C'est la onzième maxime de Lao-tseu qui m'a fait vivre cette expérience :

> Trente rayons convergent vers le moyeu
> Mais c'est le vide en eux qui constitue
> l'essence de la roue.
> Les pots sont faits en terre
> Mais c'est le vide en eux qui fait l'essence du pot.
> La maison a des portes et des fenêtres
> Mais c'est son vide qui fait l'essence de la maison[3].

Tel un éclair cette maxime m'a ouvert les yeux sur la dimension supra-terrestre de la vie et a soudain donné une orientation différente à ma vie. L'assise silencieuse, la méditation, ne se pratiquaient à cette époque que dans des cercles restreints.

Cette renaissance, après la Première Guerre mondiale, d'une nouvelle intériorité a pourtant bientôt été menacée par les aptitudes si caractéristiques de l'Occident aux performances dans le monde extérieur ; cette primauté accordée aux performances extérieures, allant de pair avec un abandon des valeurs intérieures, a atteint son apogée pendant le national-socialisme. Quelles que

---

3. Nous traduisons la version allemande que donne Graf Dürckheim du Tao-tö-king, mais nous ne croyons pas superflu de soumettre au lecteur une traduction française de l'original, celle de Lion Kia-Hway :

> Trente rayons convergent au moyeu
> mais c'est le vide médian qui fait marcher le char.
>
> On façonne l'argile pour en faire des vases,
> mais c'est du vide interne que dépend leur usage.
>
> Une maison est percée de portes et de fenêtres,
> c'est encore le vide qui permet l'habitat.

soient les causes de l'arrivée au pouvoir d'Hitler, sa dictature a jeté l'humanité dans la Deuxième Guerre mondiale, qui a dévasté toute l'Europe.

Une fois de plus, dans la nuit et le désespoir de l'effondrement, c'est la lumière de l'Orient qui a aidé tant de personnes de notre génération à découvrir de nouvelles sources intérieures de forces créatrices. C'était l'époque où les jeunes lisaient avec enthousiasme *Siddhartha* de Hermann Hesse, ou les écrits de Paul Brunton relatant l'expérience du vrai Soi qu'il avait faite en Inde, ou ceux de Daisetzu Suzuki, qui nous transmettaient le message du bouddhisme Zen. Mais plus encore qu'à travers ces livres, l'esprit oriental parvenait à nous sous la forme d'exercices pratiques, en particulier ceux du Yoga et du Zen. Pour comprendre pourquoi l'influence de l'Orient nous a sorti de l'impasse où l'Occident s'était retrouvé, il est nécessaire de prendre conscience des particularités essentielles de l'esprit occidental et de son évolution au cours des derniers siècles.

LA TOTALITÉ MANQUÉE

Vous n'ignorez pas que l'esprit occidental est avant tout caractérisé par la prépondérance de la raison et par son application dans le domaine de la connaissance scientifique et de la maîtrise technique de notre vie. Il est inutile de souligner les conquêtes merveilleuses que nous devons à cet esprit, et ce dans tous les domaines de la vie. Mais il n'y a que peu de temps que nous réalisons à quel point cette évolution constitue en même temps une menace pour l'intégrité de la personne humaine.

De nos jours, l'homme occidental divisé intérieurement est en butte à une souffrance qui fait craquer, beaucoup plus qu'on ne l'imagine, le vernis de sa vie superficielle. L'intégrité de l'homme a été sacrifiée au développement des aptitudes qui nous permettent de maîtriser notre vie extérieure et d'exercer une domination technique sur le monde. Il en résulte une gigantesque organisation qui devait initialement servir à garantir la liberté, la prospérité et la sécurité de l'homme. Mais elle s'est mise, peu à peu, tel un monstre, à se développer selon ses propres lois, à priver l'homme de sa liberté intérieure, et à le contraindre s'il veut survivre, à s'adapter à cet état de choses.

S'adapter : ce mot est devenu un slogan, voire le mot clé pour toute forme de comportement conforme à la réalité. La menace qui en résulte pour la vérité intérieure et la créativité authentique est évidente. Les entreprises économiques dépendent moins, de nos jours, du génie d'un individu exceptionnel que de la capacité à s'adapter à la situation du marché. Cette adaptation au monde implique que l'homme devient lui-même une parcelle de monde, une petite roue dans une grande machine. Il devient ainsi fonctionnel, fonctionnarisé.

La perte de l'intégrité se manifeste dans le développement unilatéral de l'aspect masculin au détriment de l'aspect féminin. Lorsque l'homme ne développe que les aptitudes aux réalisations extérieures, il finit par devenir un robot. Cela concerne surtout les instances dirigeantes de la vie publique. Le manager est souvent l'incarnation de toutes les forces de domination du monde, allant de pair avec une carence totale de capacité à la maturation intérieure et à la profondeur spirituelle. Il est l'homme qui sait tout, peut tout et possède tout, mais qui n'*est* pas encore arrivé à être lui-même.

Voici un exemple des conséquences de l'importance insuffisante accordée à la part féminine et donc aussi à la part artistique de la vie : un P.D.G. m'a raconté un jour : « Je possède tout ce dont j'ai besoin, je suis en bonne santé, je n'ai aucun souci d'argent, j'ai une vie de famille heureuse. Et pourtant je suis angoissé, ce n'est pas de la crainte, non, c'est de l'angoisse, une angoisse sans raison. — Depuis quand ?, lui ai-je demandé. — Drôle de question, a-t-il répondu, mais laissez-moi réfléchir. Voilà, depuis environ cinq ans. Peut-être cela a-t-il un rapport avec le fait qu'à l'époque, j'ai remisé mon violoncelle dans un placard parce que je n'avais plus le temps d'en jouer comme je le faisais tous les soirs. » C'était évidemment la cause de son angoisse, car faire de la musique, s'adonner à un art comme celui-ci, c'est exprimer son côté féminin.

Lorsque les forces féminines, les forces artistiques ne peuvent pas s'exprimer, notre souffle de vie se trouve comme étouffé et cela crée une profonde angoisse dans notre inconscient. Des milliers de personnes souffrent de ce mal.

YIN — YANG

Le problème essentiel que la psychothérapie moderne a à résoudre est la reconstruction de l'intégrité que l'être humain a perdue, parce qu'il a réprimé sa part féminine. Quelles que soient les divergences qui séparent les différentes écoles psychothérapeutiques, elles ont en commun cette certitude : il n'existe pas seulement l'homme et la femme, mais aussi le masculin dans la femme et le féminin dans l'homme. Et pour devenir et rester un homme à part entière, il faut devenir un être humain total et donc accepter ce qu'il y a de féminin en soi et le développer. Cette connaissance gagne en profondeur lorsque l'on considère le symbole vivant du Yin et du Yang dans la sagesse orientale et, avant tout, lorsque l'on se rappelle que d'une façon globale l'Occident a plutôt favorisé l'expression du pôle masculin et l'Orient celle du pôle féminin. D'ailleurs, nous ne devons pas comprendre les termes « Occident » et « Orient » dans leur sens uniquement extérieur, ethnologique : ils représentent bien plutôt deux aspects en chacun d'entre nous.

Le côté oriental accentue le Yin, le côté occidental le Yang. Yin, le caractère féminin, tend à la réintégration de l'âme au sein du Tout-Un. Le Yang est plutôt le principe créateur s'affirmant dans la singularisation et la diversité des formes. Le Yin abolit le temps dans l'Éternité du présent. Le Yang connaît l'évolution dans le temps et donc les changements constants du monde extérieur. Mais pour tous, le moment est venu d'accorder l'importance qui leur revient à chacun de ces deux pôles et de tendre à leur intégration, donc de comprendre que l'opposition Orient-Occident n'est pas un problème géographique, mais un problème intérieur à l'homme. Cela est valable pour tout homme, mais aussi pour tout peuple.

L'homme occidental souffre depuis longtemps d'une forme de vie dont le caractère effréné débouche sur ce que nous appelons le « stress ». La vraie cause de cette maladie n'est pas une somme de conditions extérieures, mais l'absence de contact avec son propre être intérieur. On trouve là aussi la cause de nombreux maux qui n'ont pas de raisons apparentes.

Je donne un autre exemple : un patron d'une usine réputée se plaint à moi de sa profonde angoisse, de son sentiment de culpabilité et de sa solitude intérieure. Tout ceci avec une vie dans la sécurité apparente, la probité et le bien-être matériel. Je lui demande : « Avez-vous une devise quelconque qui détermine votre ligne de conduite ? — Oui, répond-il, je l'ai d'ailleurs affichée partout dans mon usine : l'essentiel, c'est le rendement ! » Et lorsque j'ajoute : « N'avez-vous jamais songé qu'il pourrait y avoir quelque chose comme un développement intérieur de l'homme ? », il répond un peu moins sûr de lui : « Pensez-vous à quelque chose d'analogue à la religion ? non, croyez-moi, ça ne sert pas à construire des machines ! »

Cet homme qui possédait tout ce que le monde peut offrir, s'était lui-même privé de son âme. Ainsi, plus que d'autres, il eut à souffrir des trois détresses fondamentales de l'existence humaine : la peur de l'anéantissement, le doute quant au sens de la vie et le sentiment d'une solitude irrémédiable, tout cela au cœur d'une vie prospère et sûre matériellement, d'une activité pleinement utile et d'une vie de famille équilibrée. Seule l'unification de l'homme avec son être intérieur, pourrait lui donner le sentiment d'une sécurité inviolable, même en face d'un danger mortel, la conscience d'un sens profond, même face à l'absurdité du monde et le sentiment d'être accueilli et aimé, même dans l'isolement.

L'importance acquise par cette expérience est une nouvelle aurore pour l'esprit occidental ; elle est le signe de la valeur profonde que l'Occident accorde à la sagesse orientale.

LE GRAND TOURNANT

Nous vivons aujourd'hui une époque de réorientation. Le noyau le plus intime de l'homme, son Être transcendant avait été oublié pendant longtemps. Mais la racine vivante qu'est cet Être transcendant ne peut jamais être détruite. Quand ce noyau est oublié, il proteste immanquablement, un jour ou l'autre. C'est cette découverte qui caractérise l'homme occidental futur. Pour la première fois dans l'histoire de l'humanité, le monde occidental prend au sérieux certaines expériences dans lesquelles ce noyau se manifeste. Aujourd'hui, cela ne se produit pas seulement, comme cela a été le cas jusqu'à présent, dans ces cercles restreints qu'on appelait mystiques, mais sur une large échelle. Cela signifie, en termes simples, la redécouverte de l'âme, mais cette fois-ci non pas en rapport avec la foi, mais comme une réalité tangible et incontournable.

Les scientifiques, avec leur esprit présomptueux, qui ne reconnaît de réalité qu'à ce qui est détaché de notre expérience (selon l'expression de Descartes) et qui s'adapte parfaitement à un ensemble donné de concepts, souriront bien sûr lorsqu'on leur affirmera qu'il y a une Réalité intérieure d'un autre poids et d'un autre ordre que la réalité du monde extérieur, plus importante que celle-ci, et destinée à prévaloir. Voir dans cette « prétendue » réalité quelque chose de purement subjectif et la dénigrer fait partie de la tradition des représentants bornés des techniques et des sciences naturelles. La tragédie de l'esprit occidental, c'est précisément que les responsables du développement de nos sociétés n'ont pas accordé à la dimension intérieure de l'homme le degré de réalité qu'ils ont tout naturellement accordé au monde extérieur. Le scientifique considère l'homme avec suspicion, et tout ce que celui-ci considère du point de vue de sa seule sensibilité lui paraît entaché de subjectivité.

Ce jugement a eu pour effet un choix exclusif, très lourd de conséquences pour l'évolution occidentale, en faveur de la réalité objective, saisissable rationnellement, et le mépris de la réalité intérieure de l'homme. C'est sans aucun doute l'une des causes du développement extraordinaire de toutes les connaissances scientifiques et des performances techniques qui en découlèrent, mais aussi des grands systèmes philosophiques.

Cette valorisation unilatérale de ce qui est objectif a eu pour conséquence tragique que l'homme a lui aussi été évalué unilatéralement selon ses performances techniques et morales, indépendamment de son état intérieur. Le développement intérieur n'a pas été pris en compte. Dans le domaine de la vie religieuse également, c'est alors la foi en un Dieu objectif, indépendant du vécu ; les œuvres visibles prennent le pas sur le développement intérieur et sur une religion vivante, fondée sur l'expérience et exigeant l'accomplissement personnel de l'être humain enraciné dans la Transcendance. La rencontre avec la Tradition orientale est d'une importance capitale pour la réorientation qui est nécessaire en ce domaine.

Le bouddhiste ne doute aucunement de la réalité de la Nature de Bouddha puisqu'on la lui a enseignée, et qu'il a été amené à en faire l'expérience. De même pour l'hindouiste, l'atman n'est pas seulement un article de foi, mais le Soi, dont l'expérience est l'aboutissement de la voie intérieure. Par contre, dans l'évolution de la religiosité chrétienne, la réalité de l'expérience du « Christ en nous » est largement reléguée au second plan par l'importance accordée au Jésus historique.

C'est pourquoi, le mouvement le plus important de la spiritualité occidentale est sans doute la tendance révolutionnaire qui se fait jour au sein de l'Église chrétienne. La jeune génération de prêtres et d'étudiants en théologie se révolte de plus en plus ouvertement contre la Tradition. Elle se plaint d'une théologie devenue formaliste et d'une carence dans l'accompagnement vers la Voie Intérieure. Ces dernières années, j'ai rencontré des centaines de prêtres qui sont en quête d'un nouvel enracinement de leur vie intérieure dans l'expérience originelle du Divin et dans la pratique d'exercices conduisant à cette expérience. Ainsi adoptent-ils avec ferveur les doctrines orientales de la vie intérieure et les expériences auxquelles elles conduisent.

Cela peut vous sembler étrange qu'une doctrine du cheminement vers une découverte du Soi véritable, et donc de réalisation de l'homme, n'ait pas sa place dans la Tradition occidentale, abstraction faite de quelques cénacles plus ou moins secrets comme les rosi-cruciens, les alchimistes, les templiers, les mystiques, etc. Ou que la spiritualité vivante ne se retrouve guère ailleurs que dans la grande poésie qui représente l'Image Essentielle de l'homme sous une forme d'expression totale. Mais les représentants des métiers comportant des responsabilités humaines, médecins, éducateurs ou prêtres, n'ont en général eu, au cours de leur formation universitaire aucun enseignement sur l'homme et, en Occident, nous n'avons rien qui ressemblerait, de près ou de loin, à la tradition vivante orientale du guide spirituel, du maître, du gourou.

Les expériences qu'il s'agit aujourd'hui de prendre au sérieux sont celles où l'homme expérimente de façon évidente et certaine une profondeur supra-terrestre qui lui est immanente. Dans la nuit la plus profonde de la souffrance humaine, dans l'angoisse de l'anéantissement et de la mort, dans le désespoir face à l'absurdité et la tristesse de la solitude, il peut faire l'expérience d'une Vie au-delà de la vie et de la mort, d'un Sens au-delà du sens et du non-sens de ce monde et d'une Protection qui embrasse de façon merveilleuse celui qui se sent abandonné dans le monde. Si, face à ces expériences, on nous demande de quel droit nous parlons ici d'une Réalité qui transcende le monde et qui nous touche, nous ne pouvons que répondre : Quelle expérience plus réelle, l'homme peut-il faire que celle qui le délivre d'un seul coup de la peur de la mort, du désespoir devant l'absurde et de la tristesse dans la solitude et lui permet ainsi de vivre, au sein de la misère du monde, le bonheur d'une dimension supra-terrestre ?

L'esprit oriental a toujours eu connaissance de telles expériences, où cette Réalité apparaît de façon fulgurante, par exemple dans le Satori du Zen ou le Samadhi de l'hindouisme. Quand l'Occidental prend connaissance de ces expériences, cela constitue pour lui une importante confirmation de sa nouvelle expérience de l'Être. Il réalise que la présence de la Nature de Bouddha n'est pas un privilège du bouddhisme, que l'atman n'est pas un privilège de l'hindouisme, mais qu'ils représentent la part divine immanente à tous les hommes dans le symbole vivant de leur propre tradition.

Lorsque nous transcendons l'horizon de notre moi naturel, cela ne nous conduit pas seulement à une Réalité extra-humaine, mais aussi — et l'Orient l'a toujours vu et reconnu — à la Réalité intérieure la plus profonde, à savoir ce que l'homme est en son noyau, une Réalité supra-spatio-temporelle qui dépasse ses horizons naturels.

LA VOIE ET LES MAÎTRES

Depuis des temps immémoriaux, l'Orient possède ses maîtres, ses saints, ses gourous qui désignent au disciple la voie de l'union progressive avec son Être divin immanent.

Le maître est la réponse à l'appel de celui qui cherche la voie. Parce que l'esprit occidental était entièrement tourné vers la réalisation dans le monde, l'œuvre intérieure de transformation n'a jamais acquis la signification qui aurait dû être la sienne, excepté dans certains ordres religieux ou certaines sociétés secrètes. Ainsi l'appel vers le maître ne s'est jamais fait entendre.

Aujourd'hui, l'Occidental a besoin d'une aide autre que celle qui se contente de reconstituer sa santé et ses forces physiques et mentales. D'ailleurs cette situation oblige les psychologues et les psychothérapeutes occidentaux à s'engager sur de nouvelles voies. L'influence peut-être la plus importante que l'Orient ait exercée sur l'Occident concerne les exercices pratiques visant à la réalisation de soi. Pour l'Orient, il existe deux sortes d'exercices pratiques qui visent à la réalisation de l'Être intérieur de l'homme. 1) Une forme de méditation passive comme, par exemple, l'assise silencieuse à la manière du Za-Zen ou la répétition inlassable d'un mantra, ainsi que l'enseigne le mouvement largement répandu de la « méditation transcendantale » de Maharishi Mahesh. 2) Une forme de méditation active, comme la pratique du yoga, en particulier du hatha-yoga, comme aussi les exercices qui nous viennent d'Extrême-Orient, des traditions chinoises et japonaises, le tai-chi-chuan chinois, les exercices japonais du bouddhisme Zen, des formes de réalisations extérieures comme le tir à l'arc, la peinture et d'autres arts.

Mais lorsque de tels exercices parviennent en Occident, ils courent le danger d'être privés de leur sens initiatique et d'être transformés en banals exercices pratiques. Le yoga devient gymnastique, la répétition d'un mantra devient un exercice de relaxation et de concentration, prometteurs d'une efficacité et d'une résistance accrue dans le monde. Cependant, ils peuvent encore contribuer fortement à une spiritualité qui ancre l'homme plus profondément en son Être.

EXERCICES MÉDITATIFS

L'une des premières percées de l'esprit occidental vers la prise au sérieux de la Réalité immanente du Divin fut la publication du récit que fit le professeur allemand Eugène Herrigel du tournant que constitua dans sa vie l'expérience qu'il fit en s'exerçant au tir à l'arc sous la conduite d'un maître japonais.

Herrigel a enseigné pendant sept ans la philosophie à Niegata dans le Nord du Japon. Le fruit le plus important de son séjour fut sa naissance à une nouvelle vie grâce à son expérience du tir à l'arc. Cet homme de science et philosophe avait compris qu'une transformation intérieure est plus importante qu'une connaissance théorique à l'intérieur d'un système philosophique. Son opuscule[4] a été publié dans toutes les langues et il ne faut pas sous-estimer l'effet qu'il a eu sur tous les cercles s'occupant de l'éducation.

J'ai moi-même pratiqué pendant de longues années le tir à l'arc au Japon, et même si je suis resté loin d'atteindre la maîtrise d'Herrigel dans cet art, je pense avoir saisi le sens de tels exercices. Les Japonais utilisent l'acquisition d'une maîtrise technique extérieure comme moyen du développement de l'homme intérieur. Quel que soit l'art pratiqué, au départ il y a toujours l'apprentissage d'une technique. Le débutant, afin de progresser, de réussir, fait preuve d'attention, d'une inlassable bonne volonté, de concentration, peut-être même d'un moi ambitieux. Mais plus la technique est maîtrisée, moins le pratiquant a besoin du moi. Plus il prend conscience du sens de la voie intérieure, plus il s'efforcera d'abandonner son moi ambitieux et pourra accéder à une maîtrise où ne seront plus nécessaires ni concentration ni volonté. Alors viendra peut-être le moment où la technique parfaitement maîtrisée, purifiée du petit moi qui disparaît, fera place à une force plus profonde en nous, qui réalise sans que nous y soyons pour quelque chose, et comme par jeu, la performance parfaite, et chante ainsi, dans le langage de la performance, le chant éternel de l'Être divin. Instant où le pratiquant fait souvent l'expérience bouleversante et qui le transforme, de l'Être essentiel. Car ce n'est pas le pratiquant qui réalise cela, mais cette Autre Force qui habite son être.

Voici un exemple tiré de mon expérience propre : parmi les exercices traditionnels au Japon figure aussi la peinture et l'un

---

4. Eugène HERRIGEL, *Le Zen dans l'art chevaleresque du tir à l'arc*, Paris, éd. Dervy-Livres, 1970, coll. « Mystiques et Religions ».

des exercices préparatoires de l'élève consiste à peindre des bambous. Sous la direction d'un vieux maître, je me suis moi-même consacré pendant un certain temps à cet exercice. Un jour, il s'est agi, une fois de plus, de peindre une feuille de bambou : tous les jours, pendant de longues heures, cette même feuille. J'étais au bord du désespoir : toutes sortes de choses apparurent, tout, sauf cette feuille ! Des formes rappelant des bananes, des haricots, des petites saucisses, mais pas de feuille de bambou. Après de longues heures, j'abandonnai et j'allai dormir. Je me réveillai avec le sentiment que cette fois j'allais réussir ; je me levai, préparai mon encre de Chine et recommencai pour abandonner au bout de deux heures d'efforts infructueux. Une troisième tentative dans la même nuit avait encore échoué et je m'arrêtai épuisé. Mais à l'instant où je voulus poser mon pinceau, il en sortit, comme par miracle, une feuille. Une vraie feuille de bambou vivante ! Je la considérai plein d'étonnement. Que s'était-il passé ? J'étais devenu (moi-même) la feuille de bambou, aucun petit-moi ne barrait plus la route. Et un grand bonheur remplit mon cœur. Le lendemain, le maître vint et, sans la moindre hésitation, il choisit parmi la masse des feuilles peintes cette feuille-là.

Le principe fondamental sur lequel reposent ces pratiques est le même pour toutes les pratiques initiatiques du monde. Le petit-moi doit mourir, afin de rendre libre, afin de libérer la voie vers la naissance d'un soi plus profond. Tout d'abord, l'homme doit apprendre, grâce à son petit-moi, à maîtriser la technique, pour le sacrifier par la suite. Mais faire ce sacrifice, c'est franchir le seuil conduisant à la voie de la transformation intérieure, c'est se détacher d'une fixation sur le moi existentiel pour parvenir à un ancrage dans l'Être essentiel. L'importance de ces exercices traditionnels réside dans la combinaison, réalisée dans ce cas, d'un entraînement à une performance extérieure et d'un exercice sur la voie intérieure.

Or, c'est là précisément la possibilité qui nous est offerte aujourd'hui, à nous qui, dans notre effort pour atteindre, prouver et conserver notre efficacité extérieure, courons le danger de manquer la voie de la maturation intérieure. La découverte de la possibilité d'allier la maîtrise d'une performance utile au monde avec un exercice au service de notre maturation intérieure devient plus important et plus proche de la vie dès que nous réalisons que cette façon d'être au service de la voie intérieure représente une chance dans n'importe quel domaine de la vie, chaque fois que nous sommes capables de maîtriser un processus technique ou d'accomplir un acte automatique. La condition préalable est, bien sûr, que notre esprit s'efforce sans relâche de progresser sur la voie intérieure. Plus nous progressons, plus nous faisons alors l'expérience de cette maxime bouddhiste : « Chaque situation est la meilleure des occasions » — une occasion de témoigner dans le monde de la fidélité au Supra-terrestre — et le sens d'une maîtrise technique parfaite n'est plus alors la performance extraordinaire, mais le pas en avant sur le chemin du Devenir intérieur.

HARA

L'exercice du *Hara* tel qu'il est transmis dans la tradition japonaise est un excellent moyen d'accomplir notre mission qui consiste à toujours rester en relation avec l'Être essentiel, même dans le monde. La traduction littérale de *Hara,* c'est « le ventre », ou plutôt le centre du corps, mais au sens figuré cela désigne l'état où se trouve un être humain lorsqu'il s'est libéré de l'emprise du petit-moi et qu'il s'ouvre à la connaissance et à la manifestation de son enracinement dans son Être supra-terrestre, devenant ainsi capable d'en témoigner dans ses relations souveraines avec le monde. La pratique du Hara permet donc, de façon particulière, de progresser à la fois dans la capacité à réaliser des performances extérieures et sur le chemin vers la maturation intérieure. Elle porte ainsi ses fruits à la fois sur le plan pragmatique et sur le plan initiatique. La pratique du

Hara est l'un des grands cadeaux de l'Orient à l'Occident. La découverte qu'il est possible de relier de façon organisée l'amélioration d'une force de réalisation visant à la transformation du monde à la pratique de la voie intérieure, qui, elle, transforme l'être humain, cette découverte éclaire d'un jour nouveau l'éventualité d'une intégration fructueuse de l'esprit oriental et de l'esprit occidental.

L'esprit oriental se place depuis toujours sous le signe du développement, de l'évolution de l'homme intérieur. L'esprit occidental, lui, doit sa gloire à la maîtrise technique de la nature dans le but d'une transformation du monde. L'esprit de l'Orient, s'appuyant sur l'expérience de la souffrance humaine, est essentiellement centré sur la question de la Délivrance par l'expérience de l'Être essentiel, du Tout-Un. L'esprit occidental, par contre, s'est bien plus préoccupé de créer et de maîtriser les conditions de la vie extérieure. Cette situation a changé au cours des dernières décennies. Face au problème de la faim, il est nécessaire de mettre en œuvre les connaissances scientifiques et techniques afin de lutter contre la misère. Et pourtant, lorsque aujourd'hui, les fruits de l'esprit occidental pénètrent votre pays, cela ne correspond pas à l'importation d'un esprit étranger à l'homme de l'Orient, mais bien à l'assimilation d'un aspect de l'homme qui existe autant chez l'Oriental que chez l'Occidental. De même, l'accueil favorable fait par l'Occident à la tradition orientale ne correspond pas à l'« importation » d'un bien spirituel étranger ; il rend possible certaines expériences et la reconnaissance d'un bien qui a toujours été le nôtre, qui a été reconnu à d'autres époques de notre histoire et qui n'a jamais été totalement oublié ou perdu par notre tradition religieuse, philosophique ou artistique.

En d'autres termes : nous autres Occidentaux devons redécouvrir en nous-mêmes et prendre au sérieux la composante orientale de notre être, indispensable à la Totalité de notre humanité ; de même, l'Oriental doit développer et prendre au sérieux la composante occidentale de son être, nécessaire elle aussi à sa Totalité.

L'intégration de ces deux polarités témoignerait à la fois des possibilités d'un développement simultané des capacités de réalisation dans le monde et de la maturation spirituelle. Cela ne devrait pas seulement concerner la vie individuelle de chacun d'entre nous et nos relations avec nos proches, mais aussi rendre possible des relations enrichissantes entre les peuples. S'il existe une réelle possibilité de collaboration fructueuse, au sens le plus profond du terme, entre les peuples, ni les scientifiques, ni les prêtres, ni les sages ne pourront la réaliser seuls. Bien plus, nous aurons besoin de dirigeants politiques et économiques, capables de concilier leur pouvoir dans le monde et la sagesse de leur cœur, leur enthousiasme pour les sciences et les techniques et l'acceptation réaliste des valeurs et des forces de l'âme...

Je termine par ces mots de Nehru qui, au sens figuré, sont aussi importants pour l'Occident que pour l'Orient :

Pouvons-nous concilier le progrès scientifique et technique et le progrès spirituel ? Il n'est plus possible d'ignorer sciences et techniques, car elles représentent les données fondamentales de notre époque. Mais nous avons encore bien moins le droit de manquer de fidélité aux fondements de notre Tradition spirituelle, dont l'esprit de l'Inde a depuis toujours témoigné.

CHAPITRE IV

SENS ET VALEUR DES EXERCICES ORIENTAUX

A celui qui a eu la chance de se familiariser avec des exercices orientaux et qui, au cours des années, a bénéficié de certaines expériences qui l'ont humainement transformé se pose inévitablement la question de la transmission possible et de l'utilisation chez nous de ces exercices bienfaisants. Le livre d'Eugène Herrigel, *Le Zen dans l'art chevaleresque du tir à l'arc*, soulève précisément ces questions[1].

Lorsque, après plusieurs années de tir à l'arc, je demandai à mon maître japonais ce qu'il pensait de l'introduction du tir à l'arc en Allemagne, il me répondit : « Assurément, cela pourrait avoir une grande signification pour votre pays. » Je lui demandai de préciser plus avant : « Voyez-vous, Maître Herrigel et vous, êtes à présent sur le chemin de l'intégration de la "Grande Doctrine". Si vous continuez à travailler avec assiduité, et si vous parvenez à conduire dans votre vie un ou deux élèves à l'état de maître, ce sera alors certainement un grand bénéfice pour l'Allemagne. » Tel est le sentiment des maîtres orientaux au sujet de la diffusion de leur art. Un maître désire volontiers avoir beaucoup d'élèves, c'est à un seul d'entre eux — à la rigueur à deux — que sera transmis CELA qu'il pourra à tra-

---

1. Éditions Dervy-Livres, coll. « Mystiques et Religions ».

vers lui, faire rayonner de par le monde. C'est bien de CELA dont il est question ici. CELA, c'est-à-dire l'accès de l'homme au TAO ou, comme il est dit au Japon dans les cercles bouddhistes du Mahayana, à la Nature de Bouddha. Être définitivement éveillé au TAO, et le laisser rayonner par le « non-agir », tel est le but de tout exercice, mais aussi le seul critère d'appréciation légitime pour juger de la validité de ces exercices.

L'« exercice » bien compris est un chemin que l'homme accomplit par lui-même et qui lui permet d'accéder, étape après étape, à *la* Voie, par laquelle il libère son Être véritable — à la différence du douloureux chemin que réserve la vie et le destin. C'est une voie vers l'état le plus élevé que l'homme puisse atteindre et par lequel il s'ouvre au contact avec l'Absolu Vivant de son noyau essentiel. Il apparaît ainsi dans une pureté toujours plus grande et il agit dans le monde comme un médium transparent, comme un instrument immuable. C'est par une sévère auto-discipline et une action humblement et inlassablement répétée que l'homme devient peu à peu perméable à l'Essence vivante de toutes choses dans les profondeurs inconscientes de son soi individuel et se prépare à la « Grande Union ». Il s'y « prépare » seulement, car selon la conception des maîtres orientaux, cette Union ne peut jamais être forcée, accomplie ni même voulue. Mais elle est — peut-être — réservée en partage à ceux qui se préparent.

Ainsi, dans l'esprit oriental, l'exercice (en japonais *Gyo*) est au service du Devenir, libérateur de l'Être véritable le plus intime, ce qui conduit l'homme à la maturation de sa vocation par excellence : découvrir sa Nature de Bouddha et s'ouvrir au TAO. L'exercice est ici un *Exercitium* en vue de la maturation. Son but essentiel n'est pas la performance, mais l'homme qui l'accomplit. La maîtrise technique a ici une tout autre signification que dans le cas où la performance est recherchée en tant que telle ; celui qui est arrivé à maturité « est exercé » au sens profond du terme et la technique acquise par la pratique est bien plus que la condition préliminaire à une performance extraordinaire au sens habituel du mot. Un exercice qui n'est pas une simple technique d'appropriation extérieure, mais qui est, au contraire, tourné vers l'intérieur, qui pénètre l'intériorité, transforme l'homme de fond en comble et réciproquement, la transformation de l'homme est la condition de la plus grande maîtrise technique, car toute maîtrise est le signe d'un entraînement préalable. Dans le « Grand Art » qui procède de la « Grande Doctrine » du Zen, lorsque le pratiquant a atteint la maturité, le savoir-faire est l'expression même de la transformation de l'*Être*.

On comprend alors qu'on puisse parler en Orient d'un TAO de la technique, où TAO et technique sont devenus Un en l'homme et où celui-ci manifeste celui-là[2]. Le savoir-faire d'un individu, exercé au sens le plus extérieur du mot, peut également déboucher sur des performances dignes d'admiration. Mais le caractère extraordinaire d'une performance est sans intérêt de notre point de vue. Lorsque nous entendons parler d'exercices orientaux, nous pensons surtout aux exploits des yogis. Mais lorsqu'on interroge un maître japonais à ce sujet, comme je l'ai fait de nombreuses fois, il répondra :

> Bien entendu, un homme, qui s'est entraîné pendant des années à développer des pouvoirs occultes, peut acquérir une adresse qui lui permettra de réaliser d'étonnantes performances. Mais qu'est-ce que cela à voir avec son Devenir d'homme, avec sa Nature de Bouddha ? Celui qui est véritablement devenu un maître de vie peut aussi accomplir des prodiges, mais un prodige n'est en aucun cas le signe qu'on est un maître. De tels prodiges peuvent être dépourvus de toute inspiration et procéder du diable.

Analyser la signification exacte de ces exercices orientaux et déterminer dans quelle mesure l'Occident peut en retirer quelque chose ne dépendra pas essentiellement de ce qu'un certain

---

2. Voir dans *Le Japon et la Culture du silence* de K. Graf Dürckheim, appendice III : le Tao de la technique de Maître Kenran Umegi, p. 113 à 118, Éd. Le Courrier du livre.

nombre d'Occidentaux auront lu à ce sujet, mais bien plus de ce qu'ils se seront eux-mêmes exercés sous la direction de maîtres orientaux et du niveau qu'ils auront atteint. Il leur faudra, de plus, posséder les capacités intellectuelles qui leur permettront de communiquer leurs expériences. La thèse d'Eugène Herrigel sur le Zen est, de ce point de vue, une contribution inestimable. Le hasard a voulu que je me sois trouvé au Japon entre 1938 et la fin de la guerre et que je m'y sois intéressé à ces mêmes aspects de l'esprit japonais dont parle Herrigel. Le domaine privilégié de ma recherche était le bouddhisme Zen ; les exercices auxquels je me soumettais sous la direction de maîtres japonais étaient le tir à l'arc, la peinture à l'encre de chine et les techniques de respiration. Le gyo de mon grand maître Zen était le kendo, la voie du sabre, et mon maître au tir à l'arc, Kenran Umeji, appartenait à la même tradition que le maître d'Eugène Herrigel. Je crois ainsi être bien placé pour juger du livre de ce dernier.

C'est une présentation sérieuse et fiable des choses ; l'auteur est prudent et avisé dans ce qu'il choisit de rapporter de son développement intérieur, de ses expériences et des paroles de son maître. On est impressionné par la relation saisissante des étapes et des crises douloureuses que traverse celui qui s'exerce, relation dont le style même reçoit sa forme de l'esprit qu'il s'efforce de transmettre à partir de sa propre expérience du Zen. Son travail est bien mieux qu'une présentation intéressante d'un monde lointain. Il est, pour celui qui est ouvert à ces choses, comparable au jaillissement d'une gerbe d'étincelles — et c'est le plus bel éloge que l'on puisse faire d'un ouvrage tel que celui-là. Il y a dans les choses vécues personnellement par l'auteur des indications de valeur universelle concernant des expériences qui ne sont nullement liées à la seule pratique de tels exercices et qui peuvent même en être totalement indépendantes. La « chance intérieure » que recèle chaque acte parfaitement maîtrisé se révèle, les possibilités profondes offertes par les acquis réels de l'exercice deviennent quasi palpables, le sens intérieur des gestes automatisés vous pénètre de son évidence. On en a l'exemple dans les quelques pages où il relate ses progrès dans l'exercice de la respiration. Ce qu'il dit de fondamentalement nouveau ne devrait pas toucher seulement ceux qui enseignent les techniques respiratoires, mais évoquer le mystère du souffle dans des cercles plus vastes. Et il parle de cette Force vitale fondamentale d'une manière qui est aussi éloignée des sèches indications techniques que des louanges emphatiques et fumeuses. Enfin, ce qu'il rapporte de son expérience personnelle est un témoignage impressionnant sur ce que l'Orient nomme « Le Grand Un », qui n'est pas seulement le produit des expériences profondes et des spéculations des Orientaux, mais une Réalité dont tous les hommes peuvent faire l'expérience.

Ainsi Herrigel écrit-il :

> Pour les Japonais, l'art du tir à l'arc n'est pas une capacité que l'on contrôle plus ou moins, à l'aide d'exercices généralement corporels, mais une capacité dont l'origine est à chercher dans des exercices *spirituels* et dont le but est une rencontre *spirituelle*, de sorte que si l'on va au fond des choses, c'est lui-même que le tireur vise et c'est lui-même, peut-être, qu'il atteint.

Il n'est donc pas vrai que la technique traditionnelle du tir à l'arc soit devenue un pur divertissement depuis qu'elle ne joue plus de rôle dans la guerre et qu'elle se soit ainsi transformée en simple bagatelle. Aujourd'hui comme autrefois, le tir à l'arc « met en jeu la vie et la mort dans la mesure où le tireur est son propre enjeu ». Il est l'une des voies du bouddhisme Zen, voie qui doit conduire, par une plongée méthodiquement préparée au plus profond de l'âme, à une prise de conscience, puis à l'union avec le « sans fond au-delà de toutes les formes », et mieux encore : amener à faire Un avec lui. La priorité de l'œuvre intérieure sur ce qui est extérieur et visible devient manifeste. J'y fus rendu attentif par la lecture des avertissements sans cesse renouvelés de Maître Awa : « L'important n'est pas de toucher. » Cela me rappelait le jour où j'eus pour la première fois le droit, parmi d'autres élèves, de tirer sur la cible et non plus sur la botte de paille éloignée d'à peine deux longueurs de flèche. Mon maître me rabroua tout à coup, et ce fut comme si la foudre me frappait : « Ne soyez pas aveuglé par la cible. » Et aussi cet autre jour où, après que j'eus tiré deux fois, un des élèves présents, plus âgé, qui m'avait observé de derrière, me chuchota : « Au deuxième coup, vous aviez manifestement par trop envie de toucher et vous avez été un peu ambitieux. On n'a pas le droit de l'être. » Ce qui importe, c'est l'attitude intérieure, et le centre de l'œuvre intérieure est le « lâcher-prise, la libération du moi ». Quel chemin de croix pour y arriver ! Herrigel décrit remarquablement les étapes qui dans le tir à l'arc y conduisent : la souplesse et la détente totale, la concentration absolue, l'accès au mystère du souffle, la maîtrise infaillible de la forme (de la technique extérieure) obtenue par une inlassable répétition, la possibilité donnée à l'« esprit » d'émerger, ce qui rend possible sans efforts le tir spiritualisé, l'abandon de tout « intérêt », de toute intention, non seulement d'atteindre le but, mais même de progresser intérieurement. Tout cela étroitement lié, porté, poussé plus avant par la seule ardeur imperturbable à toujours recommencer semblablement un exercice qui s'avère chaque jour plus évident.

Face à un tel cheminement, nombreux sont les Européens qui demanderont : « Cela n'est-il pas stupide ? » Au contraire, c'est une préparation progressive à voir, à entendre plus en profondeur — pleine de lumières mystérieuses jusqu'à ce qu'enfin « Cela » s'élève, soit éprouvé et se manifeste dans un « coup » parfait. Il est parfait, non parce que la flèche a atteint le centre — peut-être même a-t-elle manqué la cible — mais dans la mesure où — et parce qu' — il montre que l'homme est enfin parvenu à abandonner son moi et s'en remet, se confie, lui et son action, à une Force plus profonde qui se manifeste ainsi. Sans que l'homme y soit pour quelque chose, elle pénètre la forme parfaitement maîtrisée, et transparaît dans la performance accomplie « sans dessein ». Dans la mesure où l'homme accepte de se laisser dominer par elle, elle se manifeste dans une perfection toujours plus visible de la performance. Et le maître en donne l'exemple le plus achevé — Herrigel relate magnifiquement cette expérience — quand, dans l'obscurité de la nuit il atteint le centre de la cible, et de sa deuxième flèche fend la première ! Le sens évident de ce deuxième coup n'est pas le caractère extraordinaire de l'exploit ; c'est la révélation de cette Force, au contact de laquelle l'homme, se transformant lui-même, se déprend de son moi. Le maître dit :

> Vous pensez certainement que le premier coup n'était pas un coup de maître, puisque depuis des décennies s'était installée une familiarité avec la cible telle que dans l'obscurité la plus profonde, je devais savoir où elle se trouvait. C'est possible et je ne tenterai pas de vous en dissuader. Mais de la deuxième flèche qui touche la première qu'en pensez-vous ? Pour ce qui me concerne en tout cas, je sais que ce n'est pas à moi que doit être imputé ce coup. « Cela » a tiré, « Cela » a atteint. Inclinons-nous devant la cible comme devant Bouddha. Laissez-nous nous incliner devant Bouddha.

L'expérience du véritable Soi — sa révélation et sa libération ne sont pas le but du seul tir à l'arc, mais celui aussi d'un grand nombre d'exercices. Ainsi Herrigel approfondit-il sa description du tir à l'arc par des exemples tirés de la peinture Zen, de l'ikebana, l'art floral, et d'une reproduction abrégée d'un traité (rendu accessible pour la première fois par D. Suzuki) du célèbre maître Zen Takuan consacré à « la compréhension impassible dans le combat à l'épée »[3]. Pour qu'un acte ait une implication religieuse deux choses seulement sont nécessaires, m'a dit un jour un vieux maître Zen : la simplicité et la possibilité de le répéter. Simplicité et répétivité ? Notre vie quotidienne est tout entière tissée d'actions simples et répétées et, de fait, au Japon, nous constatons que la plupart de ces gestes sont élevés à la dignité d'un exercice, à commencer par la respiration.

Dans l'ensemble, les exercices pratiqués au Japon peuvent être rangés en trois catégories :

---

3. Un texte de Takuan cité par Reibun Yuki m'a été accessible au Japon et se trouve dans *Le Japon et la Culture du silence*.

1. L'exercice d'une fonction fondamentale, telle que la respiration ; lui sont associées des pratiques telles que l'assise en silence, l'immobilité du corps — et de la personne — totalement détendu, le travail sur le centre spirituel du corps (que l'on est).

2. Des exercices de concentration au sens méditatif du terme, par exemple sur une parole sainte, un mantra ou aussi — dans le Zen Rinzai — sur un paradoxe, c'est-à-dire une phrase incompréhensible du point de vue logique (*Koan*).

3. Des exercices qui, vus de l'extérieur, ont pour but une « œuvre visible », soit une création achevée, telle, par exemple, une peinture ou un bouquet ; soit une action parfaite : une danse, la narration d'une histoire, un geste rituel (la cérémonie du thé) ; soit enfin un art martial comme le combat à l'épée, la lutte ou le tir à l'arc. Aucun de ces exercices n'est pensable sans les exercices fondamentaux du centre juste et du silence. Tous ont en commun l'incessante répétition. Celle-ci, par l'automatisation d'un processus qui exige initialement une concentration intense, permet la disparition progressive de la tension entre le moi et l'objet, tension tout entière portée par le désir d'atteindre le but et l'effort pour y parvenir. Et dans l'union finale du moi et de l'objet, la conscience intentionnelle qui fixe objectivement est mise entre parenthèses, puis totalement transcendée. C'est seulement quand on n'est plus tributaire de cette tension volontaire qu'on peut transcender le moi définissant et discriminateur qui en est le véhicule ; et seule cette disparition permet l'émergence de l'« Esprit » (au sens de Force Essentielle, supra-personnelle et supra-individuelle). Quand il a la jouissance de cette Force, le pratiquant peut, avec sa conscience purifiée, connaître son Soi le plus profond. Sous l'effet de cette Force, la performance devient secondaire. Elle n'est alors elle-même pas autre chose que la révélation de l'« Être, au fond ». Si les conditions adéquates sont réunies, la performance réussie déclenchera, chez celui qui en est le témoin, ce mouvement intérieur qui conduit de même à l'Unité fondamentale. C'est aussi le sens pour les Japonais de la forme parfaite d'émergence de « l'Empire

au-delà des formes » et la fonction de « l'Esprit qui ordonne » est de rendre sensible ce Royaume. Il s'agit donc toujours de l'union de l'homme avec « l'Au-Delà de toute forme ». Ceci n'est pas une fantaisie, le produit d'une spéculation ; celui qui s'exerce « sent », comme dit le Japonais, cette Réalité et cette Force immuable et laisse simplement se révéler ce grand « CELA ». Ceci est rendu possible parce qu'il n'y fait plus obstacle avec son moi. Lorsqu'il a atteint la Grande Transparence, quand il a su abandonner son moi, il n'agit plus que comme une expression du « Fond » supra-terrestre. Cette plénitude que le pratiquant acquiert — par degrés ou de façon foudroyante — ne lui est en aucune façon assurée durablement. C'est seulement par une longue et inlassable pratique qu'elle peut être prolongée, par un approfondissement progressif du processus d'unification, et il n'y a que progression ou régression, mais pas de stagnation, et chaque étape recèle de nouveaux et plus grands dangers de chute dans l'abîme.

L'exercice japonais vise à l'accouchement de l'Être, c'est-à-dire du Soi véritable. Mais il ne serait qu'à demi-correct de traduire cela par notre notion d'individuation, car il y a une différence essentielle entre la notion orientale du Soi et la nôtre. Parce que les Japonais n'accordent à l'âme individuelle aucune réalité ultime, les exercices, la direction spirituelle n'ont jamais pour but, chez eux, la libération de ce Soi qui s'éprouve et s'accomplit comme « personnalité achevée ». S'il en va ainsi, ce n'est pas essentiellement parce que l'individu oriental se fond dans le collectif, ou plus exactement dans le sein du tout concret de la communauté où il trouve ses origines et où il vit et qui se maintient, se perpétue par une structure ancrée et sacralisée par une tradition qui n'accorde pas à l'individu d'existence propre, mais seulement un sens fonctionnel et par là même s'oppose à l'idée d'individuation au sens où nous l'entendons. S'il en va ainsi, c'est beaucoup plus parce que l'Unité de la « Grande Vie » (qui englobe la petite vie et sa mort) vit encore tellement intacte, domine tellement l'intériorité de l'homme oriental, que le moi, pas plus que l'individualité, ne peut accéder dans sa conscience au rang d'être ayant sa valeur propre. L'Occidental grandit dans une tradition qui tolère et favorise chez l'individu son aptitude à développer son moi, sa rationalité et sa recherche, son exigence d'une personnalité originale. Cette attitude est non seulement favorisée, mais légitimée car on considère qu'elle rend possible l'accès à l'Être et aux plus hautes valeurs. On constate donc que ce que l'homme occidental tient d'une part pour un paradis perdu, d'autre part pour une lointaine finalité transcendante, est toujours vivant en Orient comme une Force Immanente qui rappelle l'homme à son foyer originel et comme prescendance sans cesse agissante ; car le développement du moi et des capacités individuelles est en Orient ressenti comme une source d'égarement et de folie dès qu'il menace de devenir une fin en soi, et est, de ce fait, contenu, contrôlé dès le départ. Le sentiment d'Unité et l'union progressive avec l'UN fondamental qui s'articule dans le monde de la diversité n'est pas seulement de ce fait l'objet d'une nostalgie de l'être individuel qui existe aussi chez les Européens, mais le contenu premier d'une *Expérience* fondamentale qui porte et oriente tout. Et c'est cette expérience qui, dans l'exercice comme dans toute existence « juste », est toujours à reconquérir, à incarner dans une manière d'être, et dont on se doit de témoigner dans le monde. Si la Grande Expérience de l'Union transcendante de l'homme avec le Fond a éclipsé toutes les autres valeurs de l'existence, il s'ensuit qu'une Réalisation vise moins à une œuvre achevée, à des structures originales, à une transformation formelle, à une restructuration du monde, qu'à une libération à la fois du monde et de soi-même. Il s'agit de laisser émerger la Nature de Bouddha dans toutes les formes de la vie, qui passent et disparaissent comme des tourbillons, qui n'ont en elles-mêmes aucune substance réelle et ne sont que le reflet d'une pensée, d'un mental plein de lui-même, égocentriquement fixé, et qui donne l'illusion d'une réalité autonome, indépendante et durable.

Selon cette conception, les potentialités de l'homme se réalisent entre ciel et terre, non par le développement de l'âme individuelle, qui, en reliant le ciel à la terre s'accomplit comme forme propre et s'éprouve dans le principe animé et ordonnateur qu'est la personnalité, mais par une évolution et une maturation qui amènent l'homme à ne considérer la réalité apparente et l'individualité de l'âme que dans la perspective de l'union en lui du ciel et de la terre. Ainsi en va-t-il de la mer qui n'apparaît que sous les formes transitoires des vagues, celles-ci n'ayant pourtant en elles-mêmes aucune réalité propre. En soi, une vague « individuelle » n'est rien, et elle ne se fait connaître dans son « Être » que dans la mesure où elle se perçoit et se manifeste comme mer.

Après de telles considérations, on pourrait croire à première vue que la conception orientale de l'homme et de l'âme est séparée par un gouffre infranchissable de nos propres conceptions et que le sens des exercices orientaux est fondamentalement différent de la voie suivie par l'homme occidental qui croit que son âme individuelle est autonome et que sa tâche est de la confronter à l'esprit qui anime, ordonne et structure le monde. Les principes de la conduite spirituelle orientale ne nous apparaîtront-ils pas alors suspects quand leurs exigences (comme par exemple celle de se libérer du moi) iront au-delà de ce que nous réclamons ? Il n'en est pas ainsi. L'âme, à l'existence propre, à l'autonomie de laquelle nous croyons, et dont nous voulons assurer le libre développement et apporter dans le monde le témoignage spirituel, peut émerger à elle-même et se développer. Cela non seulement quand l'homme s'annexe ces couches qui sont à l'œuvre en lui et qui émergent dans les images de l'inconscient collectif, mais surtout quand il parvient à l'Expérience des fondements ultimes de l'être, dans lesquels comme le dit Eckhart : « Ni Pierre, ni Paul, ni Jacques n'existent plus. » Au plus profond, les sagesses orientales et occidentales sont proches. C'est avant tout vrai par rapport au bouddhisme mahayana et particulièrement si l'on considère l'expérience Zen du « Fond Vide » où toute représentation imagée (des contraires) est abolie et après laquelle seulement surgissent ça et là certaines images renouvelées, différentes, et cependant analogues par lesquelles l'homme cherche, à sa manière personnelle, à cerner l'Inssaisissable et à en témoigner dans le monde. Mais il ne peut en témoigner authentiquement que si, dans la Réalisation du Soi, il a poussé jusqu'à ce fond dans lequel le sens de l'individualité propre est suspendu, annulé.

Quand après une conférence où il s'était longuement exprimé sur l'homme dans son individualité, je demandai à Daisetzu Suzuki comment il pouvait accorder l'accent qu'il mettait sur l'individualité et sa conception du Tout-Un comme seule véritable Réalité, il me répondit en souriant : « Mais c'est la même chose ! » Il faut bien comprendre que, pour le Japonais aussi, seul celui qui tend tout entier vers son individualité peut témoigner du Tout-Un, et que le Tout-Un ne peut se manifester que chez l'homme qui témoigne pleinement de son individualité.

S'il est difficile de présenter valablement un exercice oriental comme celui du tir à l'arc, une description sérieuse de sa pratique — ce que fait Herrigel grâce à son expérience — peut aider le lecteur occidental, en conformité avec son degré de compréhension et sa maturité, à s'ouvrir des voies qui ont une signification universelle et qui ne sont pas uniquement réservées aux Orientaux. Cela peut lui permettre, en particulier, de retrouver confiance en la valeur de certaines expériences spirituelles fondamentales qui échappent à toute analyse et ont leur qualité propre, confiance qui est la condition indispensable pour une vie unifiée, sans fêlures. A partir de là, il ne fait pour moi aucun doute que nous avons pour devoir, en renouant avec de vieilles traditions, de trouver de nouvelles voies, de nouveaux exercices spirituels qui viendraient s'ajouter à ces pratiques dont la forme et le contenu sont conformes à nos conditions d'existence, à notre vision du monde propres et sont également porteuses de nos projets de réalisation. Et il nous serait possible, en outre, de prendre à nouveau au sérieux les fonctions humaines fondamentales — par exemple la respiration — dans leur dimension cosmique et métaphysique, et de les intégrer à la conscience. Tant que nous serons prisonniers de la seule réalité extérieure, tant que nous tiendrons l'homme technicien, dominateur du monde, pour la forme de réalisation humaine la plus achevée, tant que celui qui sera incapable de s'intégrer à l'existence contingente sera suspect, tant qu'un exercice comme celui de la respiration aura pour unique but l'amélioration des capacités et des performances, nous en resterons à la surface des choses et nous ne nous abreuverons pas à la Vraie Source du Salut et de la Santé. Nous n'y atteindrons que dans la mesure où nous réapprendrons à éprouver ces vérités essentielles et fondamentales auxquelles tout exercice authentique prépare.

Il n'y aura jamais qu'un nombre limité d'individus qui seront ouverts à cela. Herrigel le souligne avec raison :

> Celui qui n'a jamais eu part à des expériences mystiques, y restera toujours, quoi qu'il fasse, étranger !

Mais il est certain que même si l'on n'a fait qu'effleurer ces expériences indispensables, on peut « entrer en résonance avec d'autres cordes de l'Être » dont les harmoniques continuent d'agir avec cette Force créatrice et rédemptrice issue du fond.

Il est sûr que le Japonais est aujourd'hui menacé de graves névroses, car il se trouve arraché à ses liens traditionnels par une évolution accélérée à laquelle la « vénérable » Tradition ne l'a en rien préparé. Il est fasciné par les puissantes forces rationnelles du moi, ainsi que par les capacités et les possibilités de développement individuel. Cependant, il possède en ses exercices, sans que soit nécessaire une résolution des complexes particuliers, un moyen de se rattacher de façon systématique à une force originelle dans les puissants courants salvateurs de laquelle rien n'a besoin d'être résolu par un retour sur le passé, mais dans laquelle tout peut être intégré en un mouvement dynamique vers l'avant.

L'« apparition de l'Être », suscitée par la pratique correcte de l'exercice et par une attitude avant tout réceptive, transforme l'homme de fond en comble, le fait accéder à la « Sainteté », à la « Totalité », parce que les Forces de l'Être libérées, en le traversant, le structurent et l'unifient en sa Totalité. Il est sanctifié dans la mesure où il s'engage sur le « chemin du salut » par une union progressive avec ses sources.

La mystique Zen, dont il est question ici, présente de profondes similitudes avec la mystique chrétienne. J'en ai fait l'expérience à plusieurs reprises lors de rencontres personnelles avec des bouddhistes Zen. Au cours de l'été 1938, D. Suzuki accepta, après de nombreuses sollicitations, de me parler des différentes étapes du Zen. A un certain moment, je l'interrompis pour lui dire : « A présent devrait s'accomplir telle étape », il fut surpris et me demanda : « D'où tenez-vous cela ? », je ne pus que répondre : « Si je me réfère à l'expérience de Maître Eckhart et à sa logique, c'est cela qui doit se produire ! » Lorsqu'en 1942, je publiai à Tokyo, un petit livre[4] sur la doctrine de Maître Eckhart, je vis bientôt arriver chez moi un bouddhiste Zen très âgé qui tira de la large manche de son kimono une feuille sur laquelle il avait inscrit à gauche certaines phrases de mon livre, et, à droite, des extraits d'anciens textes Zen. Il me dit : « Regardez, ils concordent point par point. Comment connaissez-vous cela ? » Je ne connaissais rien, j'avais simplement cité maître Ecktart ou bien encore je m'étais exprimé dans le même esprit. Quelques temps après, j'interrogeai le supérieur du monastère Zen Sendai, Maître Miura, qui avait lu mon livre, pour connaître son opinion sur les rapports entre le Zen et Maître Eckhart ; il me regarda un instant, silencieux et immobile, puis sa main droite jaillit telle une épée hors du fourreau. Il considéra pendant un certain temps, d'un air pénétré, l'espace infime qui séparait son pouce de son index et dit : « Voilà ! Il n'y a entre les deux que l'espace d'une feuille de cigarette. Le mieux est de ne pas y toucher ! » Il entendait par-là :

Nous parlons de l'Au-Delà de toutes formes et vous d'un Dieu personnel. Savons-nous si votre expérience d'un Dieu personnel n'est pas celle de l'Au-Delà de toutes Formes ? Et lorsque nous parlons de l'expé-

---

4. Publié en japonais seulement.

rience de l'Au-Delà de toutes formes, êtes-vous certains qu'il ne s'agit pas d'une Réalité personnelle qui nous touche ?

Une expérience semblable a été faite par un prêtre chrétien qui demandait à un supérieur Zen comment il pouvait parvenir à une compréhension correcte de ce que le bouddhisme entendait par « Réalité Ultime ». Son interlocuteur lui répondit laconiquement. « Prenez l'évangile de saint Jean au sérieux, mais *réellement* au sérieux, et vous en aurez alors l'Expérience ! »

Dans toutes les voies du Zen, l'accent est toujours mis sur l'Expérience décisive, celle qui détermine tout le reste. Un vieux maître Zen, auquel un disciple demandait ce qu'était réellement la « Grande Vérité », répondit que même lui ne saurait jamais le lui expliquer. Car sa description serait aussi étrangère à la véritable Expérience de la Vérité que la réponse à la question : « Qu'est-ce qui se passe si je trempe mon doigt dans l'eau bouillante ? », le serait de l'expérience vécue de la chose. Parce qu'il s'agit d'une Expérience que peuvent faire tous les hommes, et qu'elle n'est pas propre à une région ou à un continent ; parce qu'elle n'est pas liée à une tradition précise, ni à une doctrine ou à des dogmes particuliers, cela vaut la peine de se livrer à l'influence qui nous parvient des profondeurs et que les voies orientales nous invitent à partager.

CHAPITRE V

GUÉRISON D'ÊTRE A ÊTRE

La thèse de Fichte selon laquelle la philosophie d'un homme est fonction de ce qu'est cet homme, peut être transposée au thérapeute ; ce qui permet de dire : « La réalité vers laquelle on conduit quelqu'un est liée à celle dans laquelle on se trouve soi-même. » Et ceci est valable autant pour la réalité théorique que pour la réalité pratique.

Pour le patient seul aura du poids ce que le thérapeute prendra au sérieux pour lui-même, en théorie et dans son vécu. Seul ce que nous prenons au sérieux deviendra réalité, et plus un individu se trouve dans notre sphère d'influence, plus ce que nous prenons nous-mêmes au sérieux sera efficace et se réalisera en lui, agira comme un aimant qui ordonne tout autour de lui ou comme un tourbillon qui entraîne tout vers son centre.

Le thérapeute peut être aussi silencieux et distant que possible, qu'il le veuille ou non, les principes fondamentaux de la réalité spirituelle qui valent pour lui le « dépasseront » et deviendront toujours davantage principe ordonnateur de l'autre. Si sa vie spirituelle est avant tout conditionnée par son « moi », chez le patient également tout s'ordonnera bientôt autour de ce moi, autour de ses complexes d'infériorité, de ses compensations, de ses auto-justifications et de sa politique de prestige, de ses automatismes, de ses compromis, etc. Si les piliers de la science et les facteurs déterminants de l'accomplissement spirituel sont toujours fondés sur les mécanismes pulsionnels, alors, assez rapidement, tout se présentera sous forme de refoulements et d'inhibitions, de faux-semblants et de mises à nu, de sublimations et de régressions, etc., et, bien vite, se manifestera aussi le complexe d'Œdipe. Si le thérapeute considère sa propre vie spirituelle surtout sous le signe des symboles, ils acquerront un poids certain auprès du patient. Les images archétypales s'élèveront de l'inconscient collectif, seront spontanément retenues et les rêves, docilement, les produiront, dans la mesure où on voudra bien les prendre en considération.

La psychologie en est toujours à ses débuts. Les quelques écoles qui dominent aujourd'hui dans le domaine de l'analyse sont remplacées par d'autres, leur enseignement est renouvelé, en partie par le progrès des connaissances théoriques et, en partie, à cause des nouvelles voies où l'homme s'engage en se fondant sur une nouvelle conscience.

La dynamique qui entraîne l'inconscient du patient n'est que superficiellement conditionnée par les principes théoriques qui ordonnent la psyché du thérapeute. Par contre, dans son essentialité, dans sa profondeur ontologique, cette dynamique est déterminée par l'influence et le rayonnement que le thérapeute trouve dans sa propre position essentielle. C'est de là que viennent l'influence déterminante, les pressions et les séductions qui touchent le patient dans la profondeur de son être, l'ouvrent ou le ferment, le conduisent vers la voie du salut ou le maintiennent dans sa détresse. La théorie et la « méthode analytique » ne sont que rarement des facteurs de « guérison », mais ce sont elles qui canalisent l'influence qui, au-delà de la sphère psychologique, agit d'être à être.

La résistance, plus ou moins précoce et plus ou moins voilée, qui se manifeste chez le patient contre ce qui commence à se produire en lui sous l'influence du thérapeute, a été de tous temps pour ce dernier une source de préoccupations. Certaines résistances sont justifiées, d'autres pas. Sont injustifiées celles qui protègent, celles qui obstruent la voie vers l'éclosion de l'Être, vers le véritable Soi, c'est-à-dire celles qui empêchent l'individuation et l'intégration de ce qui est conforme à l'Être.

Et le « petit-moi » n'est pas seulement le « char d'assaut » par lequel l'homme triomphe du « monde méchant », s'affirme et se rassure, il constitue également la barrière qui bloque l'épanouissement de son être propre. Sont, par contre, justifiées les résistances qui tentent de protéger la profondeur contre les influences qui la menacent, contre les catégories et les concepts qui ne lui sont pas appropriés.

La thérapie actuelle est encore très psychologisante dans ses fondements théoriques, et les thérapeutes — quand bien même ils sont « analysés » ou précisément parce qu'ils se tiennent pour analysés — ne prennent pas suffisamment au sérieux les fondements essentiels, métaphysiques, de leur propre Soi. C'est la raison pour laquelle il y a danger que ne prennent le dessus des catégories de vision et de compréhension qui n'ont rien à voir avec les profondeurs ontologiques de l'Être, mais seulement avec les couches psychiques superficielles, avec ce qui dans la vie est déjà échu, caduc. La prédominance d'une telle attitude est préjudiciable à l'épanouissement de l'Être. Il est ainsi facile de ne pas se rendre compte, par exemple, que le moi, avec ses inhibitions dans le domaine des pulsions, n'est pas seulement la « forteresse » où se retranche quelque chose de dominateur et de contraire à l'Être, mais aussi une « châsse » qui protège le Centre essentiel dans sa lutte contre le monde incompréhensible ou contre les tentations et les démons intérieurs. Même quand le thérapeute est attentif à la profondeur ontique — quand il prend en considération le Soi ou l'inconscient collectif — même quand il compte avec elle, comme on dit, le danger de manquer le Centre n'est pas écarté. Il s'agit de bien faire la distinction entre l'Essence métaphysique dans sa propre dignité inconditionnelle et tout ce qui est conditionné individuellement ou collectivement par l'expérience, l'hérédité ou les lois. Mais quand on rencontre « l'Univers Divin », fût-ce de la façon la plus vague, et qu'on analyse avec des catégories qui relèvent des sphères psychiques analysable ce qui appartient au domaine inconditionné et inanalysable de l'Être, alors se manifeste une légitime opposition.

De même que nous trouvons légitime la façade installée par

le moi, nous acceptons des valeurs morales et des représentations religieuses héritées, même lorsque ces formes sont à l'évidence erronées et constituent des fixations sclérosantes dans notre développement, et qu'elles devraient donc être remises en question, et finalement abandonnées. Une prudence particulière est, cependant, nécessaire, car ce n'est pas seulement ce qui est purement religieux qui s'exprime dans ces formes, mais aussi, parfois, le véritable Soi. La façade que montre un homme, par rapport à ce qu'il est en réalité, est assurément un « gros mensonge ». Mais cette « belle façade » repose toujours sur une attitude plus profonde, une ambition qui prend sa source dans l'Être et anticipe le développement intérieur : cette façade est ainsi en même temps un reflet de l'Être. L'enfant qui prend déjà des allures d'adulte n'est, bien entendu, pas encore réellement ce qu'il joue. Et pourtant ce qu'il « met en scène » n'est pas seulement une « vaste illusion », mais aussi la re-présentation de son essence masculine et l'« idéal » de sa réalisation essentielle. L'Anglais qui arbore le *keep smiling* et un calme flegmatique est généralement très différent de ce qu'il « donne à voir » et, pourtant, son « maintien » est l'expression de l'« image humaine idéale » qui, en lui, attend de se réaliser. Et lorsque quelqu'un s'efforce tout au long de sa vie de réaliser en lui l'homme juste, quand bien même c'est une attitude très conventionnelle, cela contribue à dissoudre ce qui s'oppose à l'Être et à élaborer un réceptacle pour l'apparition et le développement de celui-ci. Une attitude n'est pas seulement la traduction de ce qu'elle exprime, elle est aussi créatrice de ce qu'elle exprime.

L'attitude, trop répandue, qui consiste à jeter le masque des bonnes manières et à donner libre cours aux pulsions — ce qui constitue une adhésion servile à la plus plate réalité — fait passer à côté de la Vérité profonde de l'Être de l'homme. De même, une attitude « réaliste », naïve et primaire, qui ne voit que la façade mensongère, débouche sur l'agressivité lorsque sont rencontrés des comportements humains authentiques, celui, par exemple, d'une personne qui a de « bonnes manières ». On détruit ainsi des possibilités de développement pour des choses dont on ignore tout. Le bien-fondé de certains mouvements de jeunesse authentiques a résidé précisément dans leur lutte contre les faux-semblants, dans leur refus de laisser ternir la foi en la vie et le rayonnement de l'Être par le plat réalisme d'une société qui n'existe que par et pour un ordre de valeurs conventionnelles. La forme qui traduit un idéal collectif qui réfrène les instincts et dissimule ce qu'il y a d'immature et de trouble chez l'homme, présente une expression généralement plus juste de la vérité humaine que celle qui correspond à un comportement débridé et uniquement « empirique ». Le thérapeute doit donc assurément se préoccuper de redresser une déformation psychique qui se manifeste chez le patient par l'identification à une représentation non encore intégrée et qui empêche la manifestation de l'Être. Mais il doit, en même temps, impérativement s'assurer que cette identification n'est pas la manifestation de quelque chose d'authentique qui vient de l'Être car, dans ce cas, cette forme ne doit pas être dissoute avant l'apparition d'une forme nouvelle et authentique.

Dans la mesure où la théorie de la thérapie mais aussi et avant tout le thérapeute tireront pour eux-mêmes toutes les conséquences du « point de vue » selon lequel l'« Essence » de l'homme a son origine ailleurs que dans la psyché individuelle, conditionnée, consciente ou inconsciente, fondée collectivement sur l'héritage historique de l'humanité, sur les événements de l'existence et le jeu des lois ; dans la mesure aussi où l'influence première effective de l'être propre du thérapeute sur l'être de l'autre deviendra tangible, celui-ci se sentira poussé à sortir de sa réserve, à se livrer — dans le cadre des règles très précises qui ne se comprennent qu'en fonction du déroulement de l'analyse et de ses fondements, et qui n'ont de valeurs que relatives — et à confier sans crainte les étapes de son cheminement vers la manifestation de son être propre, et les influences qu'il en subit.

Si nous reconnaissons le rôle que joue, et doit jouer dans un contexte thérapeutique, une direction spirituelle authentique allant d'Être à Être, alors nous élevons au niveau d'un contrôle conscient, ce qui sans cela agit inconsciemment : l'influence déterminante qu'effectivement nous exerçons sur l'être de l'autre, que nous le voulions ou non. Il importe que le thérapeute soit conscient que l'homme ne peut pas accéder à son véritable Soi à partir d'un niveau psychique limité dans le temps et dans l'espace, que ce niveau soit conscient ou inconscient, et qu'une authentique guérison n'est possible qu'à partir de l'Être supra-spatio-temporel et que c'est cet Être qui détermine souterrainement le rayonnement de l'Être du thérapeute. Plus celui-ci sera conscient de cela, mieux il sera disposé, dans le contexte thérapeutique, envers l'être de l'autre, mais il ne pourra être présent à l'autre de façon réellement fructueuse que dans la mesure où il est lui-même solidement enraciné dans son Être, et dans la mesure où il s'engage à la fidélité que requiert la Dignité de l'Être.

L'être de l'homme, l'être de chaque homme, s'exprime dans sa façon de prendre part à l'Être vivant supra-spatio-temporel, présent en tant que plus grande VIE dans sa petite existence. Cet Être essentiel présent dans le Soi, cherche à se manifester dans le temps et dans l'espace par un Soi authentique. C'est seulement dans la mesure où l'on réussit à rendre sensible, à prendre en considération cet Être dans l'autre — à travers (et au-delà de) l'ordre des choses et les difficultés conditionnées dans l'espace et le temps — et à « accoucher » cette pieuse « audace d'être » enracinée dans les tréfonds ontiques du Soi, c'est dans cette mesure seulement que peut se faire jour chez l'autre, depuis le Centre, une force de guérison qui ne réordonne pas, relativement à l'Être, la réalité de l'âme par un processus psychique, mais par une percée métapsychique. Cela peut se produire très subitement, et signifie alors qu'à « l'analyse éclairante », qui s'appuie uniquement sur l'histoire et la personnalité d'un individu est venue s'ajouter, pour la parfaire, la « catalyse éveillante ».

La pédagogie a aujourd'hui dépassé, depuis bien longtemps, le point de vue radical selon lequel une éducation sévère devait faire place à une large compréhension de la spontanéité de l'enfant. De même, il est temps que l'analyse dans laquelle le thérapeute se borne à « laisser venir », soit complétée par un

« courage à guider ». Mais on ne peut, légitimement, exercer une direction que si l'on s'y prend de façon pertinente. Cela suppose que ce ne sont pas les accidents de la biographie, les structures analysables du moi, les pulsions et représentations de l'autre qui sont au centre des préoccupations du thérapeute, mais son être profond ; que ce n'est pas l'organisation théorique de son savoir qui l'emporte, mais une « attitude » existentielle dans laquelle l'Être essentiel exerce l'influence déterminante. En général, la profondeur essentielle de l'homme ne s'éveille vraiment que lorsqu'elle est interpellée ou sollicitée par le monde. De même que l'enfant ne devient un être qui parle — et par là même un homme — que parce que la mère s'adresse au nourrisson comme à un être qui répond déjà, de même, l'Être de l'homme, cette Force Centrale « révélatrice » qui permet l'intégration, qui permet à l'homme de se réaliser en tant que Personne, n'apparaît que lorsqu'on s'y consacre avec constance et amour.

L'éveil, la percée de l'Être est sans nul doute une grâce : ce n'est pas quelque chose que l'on « fait », mais on peut préparer les conditions de sa venue. Cet éveil est entravé lorsque l'homme est prisonnier de certains blocages, mais aussi quand le thérapeute qui le conduit est lui-même prisonnier de représentations et d'attitudes dans lesquelles la Force originelle et la source de l'Être ne sont prises au sérieux, ni pour lui-même, ni pour l'autre. L'efficience de cette Force essentielle ne se manifeste que rarement d'elle-même, le plus souvent, elle nécessite de la part de l'Être du thérapeute qui s'en approche une constance pleine d'amour, et la naissance de cette Force est préparée par un travail analytique qui dissout d'abord ce qui l'entrave, et qui provoque ensuite, par une maturation intérieure, la poussée de l'Être depuis les profondeurs cachées. Mais dans la plupart des cas, l'Être ne franchit pas la porte déjà ouverte, et sa flamme ne s'anime que s'il est illuminé et attiré par la lumière de l'autre. Il suffit de regarder autour de soi pour voir comment cette lumière émane d'hommes croyants enracinés dans l'Être et combien cette Force d'Amour supra-personnelle créatrice et libératrice a de capacités d'éveil. Par ailleurs, un autre exemple d'une « orientation » et d'une guérison d'Être à Être nous est fournie par la relation qui unit les maîtres orientaux à leurs disciples.

Le maître oriental ne s'intéresse en aucune façon aux souffrances d'ordre psychologique de celui qui se confie à lui, encore moins à son histoire individuelle. A l'éclat de ses yeux, au timbre de sa voix, à l'harmonie de ses gestes, il perçoit le caractère et la situation de l'Être en chemin vers sa manifestation dans le soi incarné. Il est exclusivement dirigé vers l'Être et tout moyen lui est bon pour s'adresser à cet Être et le faire résonner dans l'autre. Mais le moyen déterminant, néanmoins, se trouve en lui-même : comme tous les autres hommes, lui aussi évolue dans son Soi conditionné biographiquement et génétiquement ; mais la racine de son existence réside, pour lui, en son Être supra-spatio-temporel. De cet Être, dans lequel il ne fait qu'un, au fond, avec son élève, lui vient la richesse de ses inspirations toujours originales et la Force pour un Amour suprapersonnel dont le rayonnement et la rigueur, tôt ou tard, éveillent aussi l'être de l'autre. Et à l'instant où cet être s'éveille et entre en résonance, peuvent brutalement s'effondrer, tel un château de cartes, les douloureux mécanismes qui manifestent névrotiquement les nœuds et les désordres existentiels, et l'homme est, depuis ses tréfonds, libéré, pour un Devenir nouveau.

La transformation ne s'accomplit pas toujours sous forme de catalyse subite. Quelquefois, elle se produit par une maturation progressive, qui grâce au rayonnement constant de la lumière du maître, provoque comme une étincelle propre, puis un rougeoiement, et finalement l'Illumination.

Faut-il être un maître afin de pouvoir se mettre au service des Forces de l'Être ? Si cela était, nous devrions tous nous résigner. Mais ce n'est pas le cas. Il suffit d'avoir fait une fois, vraiment, l'expérience de l'Être ; puis il faut prendre cet Être au sérieux, en soi et chez les autres, en tant que manifestation de l'origine supra-spatio-temporelle de toute vie, qui transcende, porte et emplit de son sens propre tout présent dans sa contingence. Il faut, bien sûr, avoir appris à discerner en soi ce qui est relatif et psychique de ce qui est inconditionné, métapsychique, et être disposé à la foi et à la fidélité à l'égard de CE que la nature humaine porte en elle de Sur-nature. En tout temps, et en tout lieu, cela a toujours été pour l'homme mûr la source de la sagesse, et non seulement de la sagesse, mais aussi de l'Amour, dont le rayonnement fait disparaître les nœuds des transferts conditionnés par le psychique. Lors du contre-transfert de la Force issue de l'Être, située au-delà de l'espace et du temps, l'autre est alors relié à cette Réalité plus profonde qui s'incarne en son être, qui rend possible l'enracinement au cœur du Soi et, en même temps, lui permet de mettre sa petite vie au service de la Grande Vie.

CHAPITRE VI

RÉGRESSION ET PERCÉE DU SOI VÉRITABLE

THÉRAPIE INITIATIQUE

La régression est un mouvement contraire à une progression et signifie presque toujours le retour à un niveau onto- ou phylogénétique antérieur. Ce retour peut constituer un état passager, par exemple lors d'explosions de colère ; il peut durer plus longtemps, ou même devenir permanent.

Cette régression peut affecter la personne entière, par exemple chez le vieillard qui « retombe en enfance », ou uniquement certaines fonctions, par exemple quand on passe d'une pensée trop exclusivement abstraite, conceptuelle, à une perception trop purement émotionnelle des choses, ou d'un comportement habituel trop compassé et moralisant à un stade pulsionnel incontrôlé.

Il est possible d'éclairer les causes d'une régression et d'en comprendre la finalité. Dans sa *Dynamique de l'Inconscient,* C.G. Jung dit à ce propos :

La fixation à la mère peut, par exemple, expliquer la cause d'une régression. Mais le but n'est pas l'explication par une cause, et l'éclairage de la cause n'est pas le moyen d'arriver au but ; ainsi la rétrogression de la libido vers l'image de la mère permet d'y retrouver des associations à partir desquelles peut s'effectuer, par exemple, le passage d'un système sexuel à un système spirituel.

Dès lors que l'explication se transforme en une compréhension finale, elle comporte aussi inévitablement un jugement de valeurs.

Le mot régression a d'habitude un sens négatif. Il signifie retour en arrière ou interruption d'une progression. Dans un contexte thérapeutique, mais aussi ailleurs, cela peut être une rechute évidente, une fuite, une dérobade, par exemple devant la peur des responsabilités quand la guérison est proche, par crainte de perdre la bienveillante présence du médecin en cas de rétablissement ; par peur, lors d'un examen, ou d'échouer, ou de réussir, ce qui implique de nouvelles responsabilités.

Les aspects positifs résident avant tout dans le fait que toute croissance est constituée par l'alternance, par la dynamique novatrice du progrès et du recul, du mouvement et de l'immobilité, des projets et du marasme.

Certains états à caractère régressif font partie intégrante de la vie normale, de la même façon que la nuit est liée au jour, le sommeil à la veille. Ainsi les situations de « rétablissement », avec leur caractère apparemment régressif, rattrapent et comblent ce qui n'a pas pu se développer, et les états régressifs permettent la régénération de la totalité. Ainsi nous arrivons à cette constatation déterminante, concernant la manière d'évaluer les manifestations d'une régression : ce qui apparaît comme une stagnation ou une rechute à un stade antérieur peut, en réalité, être un mouvement de régénération de la totalité à travers la recherche d'éléments qui sont restés bloqués au cours de l'évolution, mais qui font cependant partie de façon inaliénable de cette totalité. Celle-ci se manifeste par le canal de ce que nous avons refoulé, de ce que nous n'avons pas vécu ou incomplètement vécu. Le fait de considérer la régression comme un retour à un stade génétique antérieur a amené le psychothérapeute à donner à celle-ci une signification déterminante tant pour l'établissement d'un diagnostic que pour sa thérapie.

La recherche et le rappel, la mise à jour et la réactivation de situations d'un caractère frustrant ou traumatisant de la petite enfance font partie de l'a b c du traitement thérapeutique. La régression devient ici le recours et l'instrument du guérisseur. De même, bien qu'ils puissent apparaître comme un arrêt sur le chemin de l'individuation vers laquelle on tend, la nécessaire introversion et le transfert — du rôle de la mère ou du père sur le thérapeute — ont en réalité une signification positive. Il suffit de se référer au caractère régressif de tant de rêves !

La prise en compte et la reconnaissance de l'ombre, comme figure de ce qui n'a pas été vécu et qui pourtant fait partie de la totalité bienfaisante de la vie, fait partie, de nos jours, de la méthode de base de toute thérapie orientée vers la psychologie des profondeurs. Ceci prend, à notre époque, une signification particulière, parce que tous, médecins et patients, nous vivons dans notre civilisation occidentale une crise évolutive, crise causée par le refoulement dans l'ombre, au nom d'un prétendu progrès, de certaines aspirations, qui, parce qu'elles font partie de la totalité de l'être humain, se révoltent et font irruption avec violence. Cela suscite des phénomènes qui, au vu des « acquis glorieux » et des normes traditionnelles apparaissent souvent comme des régressions extrêmement négatives. Ces mouvements ne sont qu'apparemment régressifs, car ils ne visent au fond, la plupart du temps, qu'à réintégrer des zones exclues. Il s'agit alors surtout d'une réaction de révolte devant les conséquences d'une évolution qui a privilégié de façon unilatérale le principe rationnel masculin.

Notre système social et, par conséquent, notre système éducatif étaient, et sont encore presque totalement, conditionnés par une formation destinée à développer chez l'homme les capacités d'adaptation et de rendement, au service d'une communauté autant que possible sécurisante, exempte de conflits, où règne un maximum de bien-être. Face à cette propension au rendement, l'autre dimension de l'homme, c'est-à-dire la maturation de sa totalité humaine a été délaissée. Ce n'est qu'au détriment de la vérité et de la maturation intérieure que s'est développée et que se développe encore une formation éthique purement pragmatique au service du « collectif », avec toutes les conséquences qui en découlent.

De plus en plus, nous reconnaissons que les capacités de rendement et d'adaptation, la bonne conduite de façade, ne sont en aucune façon une garantie à l'équilibre d'un homme et à l'accomplissement de sa vocation d'homme. Précisément, ceux que l'on considère généralement comme des « modèles de réussite » sont souvent secrètement des ratés, tourmentés par l'angoisse, les sentiments de culpabilité et la solitude intérieure. Nous sommes ainsi dans une époque où, au regard de la totalité de l'homme, nos carences — qui sont les conséquences de notre griserie et de notre fascination pour les principes d'efficacité — se vengent et protestent par la voix de nos parts refoulées.

L'homme en sa totalité se défend contre la réduction à l'état de fonctionnaire. Le féminin se rebelle contre la domination unilatérale du masculin, et ce d'autant plus que, jusqu'à présent, l'émancipation de la femme a été seulement celle du principe masculin en elle. L'individu s'insurge contre l'écrasement par la masse ; ce qu'il y a en nous de personnel et d'original contre l'obligation de s'adapter ; l'élan spontané contre la tutelle autoritaire universelle ; la vie dans son caractère dynamique contre l'immobilisme de l'*establishment* comme on dit aujourd'hui ; la créativité contre l'automation, les forces de l'inconscient contre la domination d'une pensée trop rationnellement ordonnée. Et la profondeur transcendante s'élève contre la sécularisation par trop rationnelle et pragmatique de tout milieu vivant, tant individuel que collectif.

Ainsi, aujourd'hui se côtoient l'industriel performant et le hippie oisif ou le va-nu-pieds, le supermâle côtoie l'adolescent aux cheveux longs, à l'allure ostensiblement efféminée ; le bourgeois bien éduqué est confronté à une sexualité débridée ; le père dominateur (pourquoi donc parlez-vous sans cesse de liberté ; chacun ici dans ma maison peut donc faire ce que JE veux !) côtoie le parricide, la vision technique et rationnelle de l'existence voisine avec les aspirations irrationnelles les plus diverses, etc. Pourtant, ce qui, sous forme bizarrement amplifiée ou socialement caricaturale, apparaît à nos yeux comme régressif est le plus souvent à comprendre comme un bouleversement de l'homme tout entier qui se manifeste par la voix déchirante de ses dimensions refoulées. Fondamentalement, nous devons remplacer une vision linéaire, qui ne considère et ne valorise un progrès que dans la mesure où il constitue une maîtrise et une efficacité supplémentaires, par une vision globale dont l'échelle de valeur est l'homme dans sa totalité universelle. C'est alors seulement que deviendra évident le caractère positif de régressions apparemment négatives et de certaines manifestations explosives irrationnelles.

Parmi les phénomènes qui manifestent la rébellion des parts refoulées de la totalité de l'homme, le plus important est celui par lequel la profondeur de l'Être de l'homme, c'est-à-dire la Transcendance Immanente, s'élève contre la sécularisation de la vie.

Telle l'aurore d'une vie nouvelle, émerge ici une dimension d'expérience, de transformation et de réalisation, dont l'affirmation apparaissait jusqu'à présent à l'homme occidental moderne comme une régression. Mais, à l'inverse, du point de vue de cette nouvelle dimension, c'est toute l'évolution des temps modernes qui peut être considérée comme une grande régression qui s'est amorcée au Moyen Age. Cette nouvelle dimension est celle de l'expérience de la Transcendance comme base et mesure de la maturité d'une existence humaine dans toute sa profondeur, dans toute son étendue, dans toute sa plénitude. Le simple fait d'exprimer ceci éveille encore chez certains un geste d'indignation, comme si l'on voulait faire des temps modernes un Moyen Age. Non, c'est l'inverse ! L'époque qui a brisé ses liens avec le Moyen Age et lui a succédé touche à sa fin, et une ère nouvelle, qui brise ses liens avec cette époque-là, commence.

Nous vivons aujourd'hui sous le signe d'un événement universel : l'Occident, et ceci pour la première fois dans l'histoire de l'humanité, s'ouvre largement à la Transcendance, considérée non pas comme un objet de foi, mais comme un « lieu d'expérience ». Ce processus correspond à un stade déterminé de l'humanité, un stade génétiquement tardif, post-mental, mais qui manifeste aussi l'épanouissement d'un don originel, don qui ne dépend pas de l'âge et qui précisément aujourd'hui est visible chez une grande partie de la jeunesse.

Quelles étapes, qui l'ont conduit au-delà de l'enfance, distinguons-nous chez l'adulte ? Elles sont au nombre de trois : au cours de la première, tout s'articule autour de l'ego ; au cours de la seconde, tout tourne autour de l'autre, plus précisément des semblables, d'une œuvre ou de la communauté. Mais au cours de la troisième, l'Être le plus intime, celui qui nous touche en notre profondeur transcendante, accède au premier rang.

Pendant la première période, tout tourne autour de l'accès à une position sûre et à son maintien, garantissant au maximum l'absence de souffrance, une existence sans contraintes et une jouissance assurée. L'homme a alors une valeur et se sent « en ordre » dans la mesure où il est en bonne santé, efficace, d'une forte sensibilité et capable d'expériences. Le sentiment de sa propre valeur repose avant tout sur ce qu'il peut, sur ce qu'il a, sur ce qu'il sait, mais pas encore sur ce qu'il *est*. Médecine et thérapie permettent, à ce stade, de favoriser et de rétablir les conditions toutes primaires de l'existence.

Au cours de la seconde étape, il s'agit de la personnalité développée à partir de l'ego et conditionnée par lui. A ce stade, la thérapie a pour but de rendre possible ou de rétablir un état qui permet à l'homme d'avoir conscience des valeurs, d'être disponible et de se mettre volontiers au service des besoins de la collectivité. Ici, la régression est un retour à un stade antérieur, un recours au seul moi « naturel ».

Lorsque se produit, par suite d'une subordination de l'ego, un refoulement de l'être générateur de souffrance, un refoulement de la part la plus personnelle de l'homme, de son individualité essentielle, et que sa vitalité est menacée dans son intégrité, l'homme ne s'interroge pas seulement sur ce qu'il a, peut et sait pour vivre et se donner, mais sur ce qu'au fond il *est* en son « essence ».

La thérapie intervient à ce moment-là au service de l'individuation, c'est-à-dire de la révélation de l'individualité essentielle. La régression signifie alors avant tout le retour à la pure et simple conformité à un rôle que l'on tient comme membre et serviteur d'une communauté, c'est-à-dire une rechute du troisième au deuxième stade.

A la découverte de notre noyau personnel intrinsèque, de notre essence individuelle, est liée l'expérience d'une « qualité », au cœur de laquelle s'exprime une dimension de la vie qui dépasse notre entendement habituel, mais qui appartient pourtant inaliénablement à la totalité de l'être humain. Cette qualité est celle du « Numineux » (C.G. Jung, Rudolf Otto), dans laquelle se révèle la Réalité transcendante qui dépasse les horizons de la personnalité naturelle. Lorsque cette Réalité transcendante devient définitivement le centre de l'existence, l'homme a atteint le stade le plus élevé de son développement, il est véritablement devenu une « Personne ». Si nous considérons le stade de la petite enfance comme le premier, celui-ci est le quatrième stade.

Le passage à la quatrième étape implique un éclatement de la prétention absolue de l'ordre uniquement naturel, rationnel, moral, de la personnalité et l'accession de l'homme à une nouvelle liberté et à une nouvelle responsabilité. Cette expérience de la « percée de l'Être » a été depuis toujours l'événement véritablement décisif dans la vie de l'homme vers sa pleine maturité.

Tel un « fil d'Ariane », à travers les époques et les peuples, on continue à avoir connaissance d'hommes qui ont fait l'expérience, pour un instant ou pour plus longtemps, de l'« élévation à un autre niveau d'expérience, et cela non seulement comme un événement merveilleux et transitoire, mais d'une façon qui les enracinait définitivement dans une autre profondeur. Ils étaient dès lors transformés, qu'ils se retirent du monde, ou qu'ils y fassent rayonner, par leur activité, leur nouvelle certitude.

La connaissance et la prise au sérieux de cette expérience est la clé qui permet de comprendre pourquoi un pas est aujourd'hui franchi vers une nouvelle époque où l'homme technicien à la fois se réalise et se transcende. L'expérience dont il s'agit est à l'origine de la religiosité vivante de toutes les religions. Son contenu dépasse tout ce qui est fixé par les interprétations ultérieures et qui se fige en dogme. Il s'agit ici d'expérience et non pas de croyance[1] !

Autour de l'expérience — de la Grande Expérience — gravite l'ésotérisme de toutes les époques et de toutes les civilisations. Sa révélation porte des noms différents. Dans l'hindouisme c'est le Samadhi, dans le bouddhisme Zen, le Satori, dans la tradition chrétienne, l'expérience sanctifiante de la Présence divine, et elle rayonne à travers chaque ligne des écrits de Maître Eckhart. La mystique, dans toutes les grandes traditions religieuses, décrit cette expérience à l'aide des mêmes mots et des mêmes images. Dans la littérature américaine moderne, elle apparaît sous le nom d'expérience de pointe, *peak experience.* Son contenu est toujours le même : l'expérience de l'Être dans l'étant, de l'Essence inconditionnée, supra-spatio-temporelle dans le moi conditionné par l'espace et le temps, de la « Grande Vie » supraterrestre dans la « petite » vie d'ici-bas[2].

Nous sommes au seuil d'une époque où, comme jamais auparavant, s'ouvre largement la porte à l'expérience de cette Réalité de l'Être. Pour la reconnaître lorsqu'elle nous advient, il suffit d'un esprit empirique clair et impartial qui ne soit encombré d'aucun préjugé dogmatique : nous avons besoin d'un réalisme transcendantal.

Cette expérience, où l'autre dimension nous apparaît, cette Grande Expérience de l'Être, n'est pas toujours bouleversante. On devrait l'appeler plus justement « Toucher de l'Être » ou

---

1. D'après la théologie chrétienne, l'expérience mystique aussi est incluse dans la foi, comprise comme la manière dont l'homme peut intérioriser sa relation, sa participation, à Dieu.

2. De même, la différenciation dans la théologie chrétienne entre mystique naturelle et surnaturelle ne nie pas qu'une expérience ineffable du Christ est possible à la base de la mystique naturelle, pourvu que l'homme ne limite pas la Transcendance à l'expérience individuelle, à la Réalisation du Soi.

« Climat d'Être ». On rencontre sans cesse des hommes, et parmi eux souvent des adolescents, qui témoignent de moments où, pour un court instant, mais aussi pour plus longtemps, parfois plusieurs jours, ils se sont trouvés dans un état étrange, où eux-mêmes, ainsi que la réalité qui les entoure, sont singulièrement transparents. Tout a un caractère de plénitude et de profondeur insoupçonnées. Et sans cesse résonne l'affirmation :

> Ce que j'ai vécu là a une valeur tellement incontestable que pour moi, dorénavant, il ne fait aucun doute que je doive devenir tel que ma vie puisse se situer totalement dans la mouvance de ce que j'ai éprouvé là, juste pour un instant.

Cependant, ce sont les expériences majeures de l'Être, au cours desquelles l'homme dépasse subitement l'opposition des contraires qui domine sa vie naturelle, qui sont les plus impressionnantes.

Il existe trois détresses fondamentales chez l'être humain : la peur de l'anéantissement, le désespoir devant l'absurde et la tristesse sans fond face à la solitude. La mort, le non-sens et la solitude sont et restent les ennemis du moi naturel. Mais la mort est inévitable, nous sommes confrontés à l'absurde tout au long de notre existence, et nul n'échappe, l'une ou l'autre fois, à l'expérience d'une solitude sans espoir.

L'Autre Dimension, qui se situe au-delà de notre faculté naturelle de comprendre, et qui est la dimension transcendante de la vie, peut justement surgir — mais elle ne le doit pas forcément — lors de ces situations limites, de sorte que notre conscience brise les barrières qui lui sont habituellement imposées par une attitude objectivante et réductrice. Mais ceci ne peut avoir lieu qu'à condition que l'homme réalise cet exploit paradoxal, exploit que jamais le moi ordinaire ne pourra accomplir : accepter consciemment de faire l'expérience dangereuse de l'auto-anéantissement.

Il ne fait aucun doute que des centaines de milliers d'hommes, lors de la dernière guerre, sur les champs de bataille, dans les camps de concentration, lors des nuits de bombardements ou dans une fuite éperdue, ont fait cette expérience, ont vécu l'imminence de l'anéantissement, et ont vécu ainsi l'extraordinaire : la mort était déjà là, présente inéluctablement, et la peur à son sommet. Et brusquement, il leur fut donné de lâcher les défenses naturelles, de tout abandonner, d'accepter l'inacceptable et de s'abandonner consciemment à l'inéluctable. Et c'est alors justement que l'incroyable peut se produire : d'un seul coup, la peur disparaît et l'homme fait en lui-même l'expérience que ce que l'on appelle la mort s'éloigne. C'est le calme absolu, un indicible sentiment de bonheur. Une Autre Vie l'a touché ! Cette expérience peut être faite par tout malade irrémédiablement condamné, et les médecins qui sont attentifs à leur malade le perçoivent alors très bien.

Une approche et une attitude d'esprit différentes, concernant cette dimension qui dépasse la vie et la mort, est l'acceptation de l'anéantissement qui menace l'homme lorsqu'une situation insensée le pousse aux limites de la folie. Là aussi, s'il est capable d'accepter l'inacceptable, il peut brusquement avoir accès à un Sens qui dépasse le sens et le non-sens de ce monde, de même que précédemment il s'agissait d'une Vie au-delà de la vie et de la mort.

La Transcendance peut enfin, et c'est là une troisième forme, conduire à une expérience incontestée, lorsque l'homme qui se trouve dans une totale solitude l'accepte. Il peut alors faire l'expérience d'une protection inconcevable pour l'esprit humain, alors même qu'il est abandonné par le monde.

Dans les trois cas, l'acceptation de l'inacceptable n'est ni de l'héroïsme ni de la résignation, mais l'expression d'une liberté inconnue de lui, par laquelle il dépasse le champ d'expression de son moi habituel. Au cœur de l'anéantissement, des ténèbres et de la cruauté de ce monde, l'homme accède à une Force, une Clarté et un Amour que l'on peut nommer « sur-humains », parce qu'il les éprouve en contradiction avec toutes les contingences de ce monde ! Lors d'une telle expérience se reflète la structure ternaire de l'Être supra-terrestre, c'est-à-dire de l'Être en tant que Plénitude créatrice, Loi fondatrice de sens et d'ordre, Unité intégratrice.

On peut et on doit alors s'interroger : est-il légitime, à propos de telles manifestations, de parler d'une réalité différente ou supérieure qui aurait sa source à un niveau qui lui serait propre ? Quel est le critère pour savoir si nous n'avons pas à faire avec on ne sait quels états d'excitation passagère, de débordements momentanés de l'inconscient, voire même de simples régressions ?

La première raison qu'on a de parler d'une Dimension particulière tient dans la qualité unique et dans l'impérieuse évidence de ce qui a été vécu, mais avant tout dans la force d'éveil à une nouvelle conscience qui transforme fondamentalement l'homme, qui le libère et le rend responsable.

Les expériences et les Touchers de l'Être suscitent en lui une nouvelle dimension de vie et de conscience qui était cachée jusqu'alors, c'est-à-dire présente seulement de façon secrète. Pour un instant, la « Grande Expérience » lui a ouvert le chemin vers son mystère le plus profond. En ce sens, elle est une expérience initiatique, au sens premier du terme *initiare :* ouvrir la porte du mystère. Cette expérience montre à l'homme, et lui offre, à la fois une promesse et un engagement, une libération et une lourde responsabilité, une source de joie et une possibilité de transformation. Toutes ces possibilités, et tout ce qui est exigé de lui, peuvent alors être saisies et intégrées par un travail conscient et systématique. C'est seulement par une prise de conscience et une inlassable persévérance que la Dimension transcendante trouve, quand elle est expérimentée, sa véritable réalité dans l'homme. Quand cela arrive, l'homme accède à ce que l'on nomme « la Voie », c'est-à-dire au développement de ce à quoi il est destiné en son essence. Et c'est à ce moment là que se fait jour dans notre travail la possibilité et le devoir d'une thérapie initiatique. Elle devient impérative quand le « fait d'être malade » est la conséquence du refoulement de la Dimension transcendante et quand la « guérison » n'est possible que lorsque cette Dimension est « admise ».

La thérapie initiatique accompagne l'homme sur la Voie qui est véritablement notre vie et notre vérité. C'est le chemin vers une disposition qui nous rend toujours plus perméable à l'Être qui a surgi en nous par les premières Expériences ou Touchers de l'Être, à l'Être présent en notre être et qui cherche à se manifester dans le monde. Progresser, c'est alors devenir tels que nous puissions être capables de traduire cette expérience par le rayonnement de notre façon de vivre, par le témoignage d'une présence lumineuse, et capables d'en faire la preuve par toutes nos façons de penser, d'agir et d'aimer dans le monde.

Si l'on excepte le point de vue de la thérapie initiatique, un tel cheminement est considéré fréquemment comme une pulsion régressive. Pour prendre un thème d'actualité : la capacité d'adaptation et d'intégration de l'homme à la collectivité, qui fait souvent cruel défaut, mais dont la nécessité est évidente, quoiqu'elle soit beaucoup trop exagérée aujourd'hui, constitue, du point de vue initiatique, un des principaux dangers sur le chemin intérieur. L'homme, qui pour la première fois rencontre vraiment son être profond, de façon qui non seulement le comble, mais aussi le rend responsable, aura souvent une conduite jugée régressive et « inadaptée » par son entourage.

Tous les hommes ne sont pas doués, ni qualifiés de la même façon, pour avancer consciemment sur le chemin de l'Être. Mais ceux qui le sont, ou ceux qui ont été conviés par une expérience de l'Être, tombent, tant qu'ils ne le suivent pas, dans une détresse toujours plus profonde. La détresse qu'éprouve l'homme à se trouver radicalement séparé de l'Être, c'est-à-dire de la Transcendance qui lui est immanente, par la conscience objective, se transforme chez lui en maladie. A notre époque, il existe de nombreuses personnes, et particulièrement des jeunes, qui tombent malades parce que cette dimension n'a jamais pu émerger chez eux, qu'elle n'a jamais été prise en considération, ou, là où elle s'est manifestée, dans les domaines théologiques, psychologiques ou dans la relation avec la nature, qu'elle a été dédaignée. On rencontre sans cesse des perturbations, graves ou en passe de le devenir, qui ne sont dues qu'au refoulement de la potentialité la plus profonde de l'homme. Le penchant au suicide, une totale apathie, une incapacité irrémédiable à établir des relations, peuvent être dus au mur qui s'est élevé entre le moi dirigé vers le monde et l'Être véritable. L'impossibilité de donner un nom aux profondeurs métaphysiques peut provoquer une frustration qui, dans certaines circonstances, a des effets aussi funestes qu'un refoulement de la sexualité. Lorsqu'un adolescent relate une expérience essentielle, l'expérience d'un « vécu absolu », et que cela est classé, par celui auquel il se confie, dans l'ordre relatif des phénomènes psychologiques, par exemple comme une régression galopante, cela peut avoir des conséquences catastrophiques. Au contraire, une attention compréhensive à l'égard d'une timide confidence révélant de telles « heures étoilées » et une affirmation que se révèle là une Autre Dimension peuvent provoquer l'effondrement de ce « mur ». Et brusquement, l'individu se trouve alors sur un autre plan, à partir duquel, à vrai dire, le véritable travail peut débuter. Car le but d'une thérapie à caractère initiatique n'est pas seulement l'accès légitime à la Transcendance Immanente (= initiation), mais, comme dirait Tillich, l'intégration de la dimension profonde au moi existentiel, et cela signifie la métamorphose de l'homme entier ; pour parler comme C.G. Jung : c'est l'individuation intégrale.

Qu'est-ce alors qu'une thérapie qui présente un caractère initiatique ?

Le travail sur la voie initiatique est orienté du début à la fin vers le développement du noyau transcendant de l'homme. C'est chez l'homme éveillé à sa vocation transcendante et engagé sur la voie de son accomplissement que ce travail peut s'accomplir. L'homme est alors considéré dans son besoin de témoigner de la Transcendance présente en son être à travers toutes les épreuves de la vie, et dans son aptitude à supporter ces épreuves, à travers les transformations créatrices de la vie, de même que dans le travail au service de la communauté. C'est de ce point de vue que progression et régression prennent un sens.

Celui qui est sur la voie est porté par une force absolument originelle, personnelle et déterminée. Les conditions d'un progrès sur la voie sont :

— une « Expérience » intérieure (Grande Expérience ou Toucher de l'Être) dont la légitimité du contenu est évidente ;

— l'« attention à l'appel » que contient cette expérience ;

— la détermination à suivre cet appel ;

— l'émergence, par cette soumission, d'une nouvelle conscience qui conduit vers une évolution particulière ;

— enfin la « fidélité » à l'exercice que l'on a adopté au service de la transformation.

Le but de l'ensemble est la « Grande Transparence », la Transparence à la Transcendance qui nous est immanente, à nous et à toutes choses !

Tout ce qui détruit ce qui fait obstacle sur le chemin de cette transparence et favorise ce qui la rend possible est au service du progrès sur cette voie. Il en découle certains exercices individuels, bien particuliers, caractéristiques de la thérapie initiatique ; ils sont avant tout au nombre de trois :

1. - Le développement de l'« Organe » par lequel l'individu peut surtout devenir capable d'avancer, d'expérimenter la Transcendance et de différencier les authentiques contacts avec l'Être d'états imaginaires. Il s'agit avant tout d'un élargissement de la conscience qui est dominée habituellement par la seule conscience objectivante.

2. - La purification de l'inconscient par la psychologie des profondeurs, sans laquelle, et cela se manifeste de plus en plus, un progrès fiable sur la voie est impossible.

3. - L'intégration de la transformation dans « le corps que l'on est » par l'*Exercitium*.

1) *Le développement de l'Organe.* De quoi s'agit-il ? La très belle phrase de Novalis peut nous éclairer : « Tout visible est un invisible élevé à l'état de mystère. » Toute apparence est une profondeur élevée à l'état de mystère. Il est possible de développer de façon systématique l'organe qui donne accès à la perception de ce dont il est question ici, à commencer par le développement d'une « sensibilité » particulièrement subtile à la qua-

lité des sensations et des gestes. Il existe une sensibilité supra-sensible. Il s'agit là d'une conscience plus large que la simple conscience objectivante et qui exige une ouverture de tout l'homme, y compris dans « le corps qu'il est » ; il s'agit du développement d'une conscience instantanément agissante, qui puisse, en certaines circonstances, venir se juxtaposer à (ou remplacer) la conscience objectivante et stérilisante.

Chaque fois que, indépendamment de notre volonté, notre conscience rationnelle s'attache à un constat, l'objet de ce constat nous reste extérieur ; il s'agit par le développement de cet « organe de perception » de la Transcendance, toutes les fois que cela est possible, d'établir une rencontre. Développer l'organe qui permet de prendre en compte la Transcendance, c'est se disposer à la « Rencontre », pour laquelle il faut déconnecter la connaissance objectivante qui vise le monde des étants. Aussi longtemps que nous restons enfermés uniquement dans ce système de pensée objectivante, l'importance de la Vérité rencontrée nous reste étrangère.

2) *Le travail de psychologie des profondeurs.* Comme toute thérapie fondée sur la psychologie des profondeurs, la thérapie initiatique vise la vérité intérieure. Dénoncer impitoyablement les masques, détruire les fausses structures solidement établies, mettre en pièces les modèles traditionnels, tout cela en fait partie, de même que permettre la rencontre avec les conflits premiers de l'existence, oubliés depuis bien longtemps, dissimulés dans l'inconscient tant collectif que personnel, pour lequel l'analyse des rêves joue un rôle déterminant. On peut y rattacher les régressions, qui, lorsqu'elles ont la chance d'être au service de la libération des profondeurs refoulées, peuvent devenir fécondes.

L'axe du travail en psychologie des profondeurs concerne le processus sans lequel l'homme nouveau, celui qui a dépassé la « personnalité » naturelle, ne peut jamais naître : la mort de l'ancien moi ! L'homme naturel ne veut rien savoir de la mort, il la refoule, de même que toute notre civilisation est un gigantesque refoulement de la mort. Mais justement, ce qui met en danger la vie naturelle, — la mort, l'absurde et la solitude —

est, et a partout et toujours été, le médiateur du chemin initiatique, lorsque ce chemin a pu être entrepris. Au regard de la thérapie initiatique, la souffrance prend un sens nouveau, et guérir ne signifie plus « rendre la santé », mais trouver « le chemin du salut ». La préparation à la « mort initiatique » et l'accompagnement au long de ce « passage sombre » — noyau de la thérapie initiatique — est le thème fondamental de nombreux contes et mythes et apparaît sous forme de descente aux abîmes, aux enfers, dans les gouffres effroyables, dans la nuit, etc. Images qui renvoient toutes, par rapport à l'accès au monde de la lumière, à des états qui semblent régressifs. C'est, comme il est dit dans le *Mystère de la fleur d'or* (R. Wilhelm et C.G. Jung), la « rétrogradation » nécessaire à un progrès authentique. Un tel progrès sur la voie initiatique n'est possible que si l'« union dynamique » avec la profondeur transcendante est la mesure et l'origine du sens de la vie. De ce point de vue, lorsque l'homme qui a expérimenté l'Être supra-spatio-temporel comme libération et engagement lui devient infidèle en se tournant à nouveau vers le « droit chemin » de l'individu soi-disant « normal », de sorte que son « fonctionnement » au sein du monde du rendement, sa sécurité, sa protection au sein de la communauté humaine reprennent la première place, il y a également régression.

Mais régresser c'est aussi, après avoir fait l'expérience de l'Être, se dissoudre à un tel point dans le Supra-terrestre qu'on est perdu pour le monde. Et cela aussi est une régression négative !

On rencontre également la négation régressive du terrestre au nom d'un idéal céleste, de même que le refus régressif du ciel au nom d'un idéal uniquement terrestre. Pourtant le ciel et la terre font, l'un et l'autre, partie intégrante de l'homme ; le Yang n'existe pas sans le Yin.

3) La pratique, l'*Exercitium* sont inséparables de la thérapie initiatique. Nous comprenons ici l'exercice comme un « Savoir ». Non pas, dans le cadre d'une thérapie initiatique, d'un savoir-en-plus, mais d'un plus d'être. C'est l'*Exercitium ad integrum,*

l'exercice en vue de l'Unité avec l'Être, de l'Unité par l'Être. En ce sens, les exercices inlassablement et systématiquement répétés ont pour but de créer les conditions par lesquelles la Grande Transparence peut se réaliser en nous et à travers nous, ce qui est le but de la voie initiatique. Cela exige, en toutes circonstances, un travail méthodique, grâce à quoi nous serons en mesure de percevoir l'Être dissimulé en nous et dans tout ce qui nous entoure ; cela signifie devenir toujours plus apte à le laisser se manifester dans notre vie, en nous et à travers nous et plus particulièrement dans le cadre de la « Réalisation ».

Ainsi, la Transparence à la Transcendance est le but de la pratique. Mais cette pratique ne doit pas être mise au service de trois buts entièrement différents pour lesquels les hommes se sont de tout temps adonnés et s'adonnent encore à des exercices tels que le silence et la méditation, buts qui sont le calme et la détente totale, de belles expériences valorisantes et l'acquisition de facultés supérieures. Mettre l'*Exercitium* au service de ces trois buts le prive de son caractère spirituel, lui donne un sens pragmatique qui est en contradiction avec la finalité recherchée. Sur la voie initiatique, et précisément dans le domaine de l'*Exercitium,* ce sont là trois formes typiques de régressions négatives.

Lorsqu'il est question d'*Exercitium* dans le domaine initiatique, il faut distinguer l'exercice spécifique et le quotidien vécu lui-même comme exercice.

Dans ce cadre, de plus en plus d'exercices orientaux font actuellement leur apparition. Le plus connu est le *Hatha-Yoga.* Celui-ci peut justement nous servir d'exemple pour comprendre la différence entre « l'exercice sur la Voie » et celui qui est au service du moi existentiel. Lorsque le Hatha-Yoga est enseigné et pratiqué comme une gymnastique, il n'a plus rien à voir avec la « Voie ». Il peut, certes, être très utile, être au service de la beauté et de la santé, de même que le training autogène. Mais c'est seulement lorsqu'il sera effectué consciemment en tant qu'exercice sur la Voie, véritablement pratiqué en tant que

« Yoga »[3] et exercé comme Relation à l'Absolu, c'est seulement s'il est en définitive au service d'une transparence progressive à la Transcendance qu'il a quelque chose à voir avec la thérapie initiatique. Il en est de même pour la méditation Za-Zen (l'assise en silence telle qu'elle est pratiquée dans l'esprit du bouddhisme Zen).

Toute pratique comprise comme *Exercitium* s'accomplit par une inlassable répétition d'un même Faire. De cette manière sont déconnectés : le contrôle conscient du moi, la volonté personnelle d'atteindre un but, le vouloir-faire et l'ambition personnelle. Tout *Exercitium* plonge, semble-t-il, le pratiquant dans un état à caractère régressif. Mais une telle régression à caractère créateur au service d'une profondeur ne peut se produire que si le moi naturel, avec sa conscience objectivante et réductrice, son besoin d'agir de façon résolue dans un but déterminé, a la possibilité de se retirer. Toutes ces pratiques — et celle de la prière hésychaste, et les exercices japonais traditionnels, par exemple le tir à l'arc — sont à envisager de ce point de vue, alors qu'elles apparaissent à l'Européen comme une atteinte à la spontanéité créatrice de la personnalité, et comme de purs gestes mécaniques. Elles permettent à celui qui s'exerce, d'accéder par l'incessante répétition d'une technique purifiée du moi, à une force plus profonde qui, par la voie spécifique de l'exercice, laisse résonner le Chant Éternel de l'Être, et ceci d'une manière qui ne s'exprime pas seulement par un geste parfait, mais de sorte que se réitère progressivement pour le pratiquant le « moment » du contact avec l'Être.

Mais l'exercice spécifique est la situation-type qui ne prend sa signification véritable que s'il est prolongé par le quotidien vécu comme exercice. Vécue justement, chaque situation devient

---

3. N.D.T. Le mot « Yoga » dérive éthymologiquement de la racine *yuj* qui signifie lier ensemble, tenir serré, atteler, mettre sous le joug. Le vocable « Yoga » sert en général à désigner toute technique d'ascèse ou toute méthode de méditation.

alors « la meilleure des occasions » de témoigner du vrai Soi sur le Chemin.

Pour que tout exercice sur la Voie porte ses fruits, l'attitude envers le « Corps que l'on est » est déterminante. A l'égard de l'*Exercitium,* le corps n'est pas à considérer comme celui que l'on *a,* mais comme celui que l'on *est,* c'est-à-dire comme l'ensemble des gestes par lesquels on s'exprime, on se réalise, par lesquels on est présent au monde, par la manière dont on se conduit en tant que Personne. Cette attitude peut être juste ou fausse. Elle sera juste seulement lorsqu'elle révèlera le troisième niveau de conscience du corps que l'on « est », le premier étant orienté vers la santé, le second vers la beauté, le troisième vers la transparence. Si une fois déjà, on a expérimenté le corps que l'on est dans sa possible transparence, et qu'on a développé sa capacité subtile à percevoir la transparence, alors il devient le Maître Intérieur sur la Voie, et tout manquement à son appel, toute infidélité à l'exercice constitue une régression.

CHAPITRE VII

LA SOUFFRANCE A LA LUMIÈRE DE LA THÉRAPIE INITIATIQUE

Lorsqu'il est question de thérapie on pense tout naturellement au rétablissement de la santé. Qui dit thérapeute, dit guérison d'un malade, que celui-ci soit malade physiquement ou dans son âme. Que le médecin soit interne, chirurgien, psychiatre ou guérisseur, il s'agit toujours de la même chose : éliminer une maladie et rendre à l'homme sa santé.

Aux formes traditionnelles de thérapies, s'en ajoute aujourd'hui une nouvelle : la thérapie initiatique. Pour elle aussi, il s'agit de guérir, mais sur un tout autre plan. Ici, le thérapeute n'est pas celui qui vous rend la santé, c'est-à-dire vos capacités, il est plutôt au sens originel du terme : le compagnon sur le chemin de la guérison, sur la Voie du Salut. Le mot allemand *Heil* a ici son sens profond, qui est au fond religieux[1]. Il s'agit de tirer l'homme hors de sa détresse et de le conduire vers sa guérison, son salut. La détresse dont il est ici question est celle de la situation fondamentale de l'homme : misérable, parce que dominé par son ego, égaré dans le monde, séparé de son Être supra-terrestre, emprisonné dans ses limites spatiales

1. N.D.T., L'auteur utilise ici le mot *Heil*, qui en allemand a la double signification de guérison et de salut.

et temporelles, esclave de ses facultés rationnelles, coupé de cette Réalité : la Nature qui est au-delà de l'espace, du temps et de l'entendement. Aujourd'hui, on reconnaît, peu à peu, qu'à côté de la médecine pragmatique, qui vise au rétablissement de l'état de santé naturel et de l'efficacité, il y a et il doit y avoir une thérapie initiatique qui a en vue la restauration de l'Unité originelle avec l'Être supra-humain. Pour la première fois dans l'histoire de l'humanité, le monde occidental accepte aujourd'hui de prendre au sérieux les expériences où l'Autre Dimension, la Réalité supra-terrestre nous touche. Il s'agit de cette plus grande Réalité qui s'est détournée de l'homme, qui s'est séparée de lui dans son enfance au moment où il s'est éveillé à la connaissance objective. Pour parler religieusement : quand il a commis le péché originel, en consommant le fruit de l'arbre de la connaissance. Il est bien compréhensible que naisse aujourd'hui une thérapie qui prend au sérieux l'homme en détresse quand celui-ci éprouve l'asphyxie de son Être supra-terrestre.

Les thérapies initiatique et pragmatique reflètent deux versants de la souffrance humaine. La thérapie pragmatique concerne l'homme dans son existence spatio-temporelle, qui tourne au fond toujours autour du même thème : réussir dans la vie, si possible s'y sentir en sécurité, être intégré et reconnu par la collectivité. Être malade signifie dans ce cas que sont mises en danger les forces physiques, spirituelles et intellectuelles au service de la réussite dans ce monde et ses valeurs. A côté du moi naturel, sans cesse préoccupé de sa réussite, il y a en l'homme un « Autre », un « Plus Profond ». Nous l'appelons son Être et nous entendons ainsi la façon dont est présente en lui, individuellement, une vie supra-terrestre, qui en lui, et à travers lui, voudrait se rendre manifeste dans son univers personnel, se manifester dans l'ordre de la connaissance des formes, de la création et de l'amour. L'Être (qui est la manière dont le Supraterrestre, le Divin, est présent en l'homme), c'est ce à quoi l'homme tourne le dos à cause du développement de sa conscience objective.

Pourtant, si l'on oppose cet Être au moi profane, ne se

cantonne-t-on pas alors dans une sphère, disons de fantaisie religieuse ? Ou bien dans un univers de croyance somme toute exclusivement subjective, alors que le moi existentiel est en rapport avec une réalité tangible, objective, concrète, selon des modalités qui permettent le développement de la science et des techniques. Ainsi le monde a-t-il pu généralement penser jusqu'à une époque récente. Mais notre temps voit s'éveiller la sensibilité à l'égard de la Réalité Transcendante de l'Être, du Supra-terrestre et on voit de plus en plus clairement aujourd'hui que l'existence humaine, plus précisément la vie de l'homme, n'est intelligible, dans ses possibilités de bonheur et de souffrance, que dans la tension entre ces deux pôles : son moi existentiel, naturel, conditionné par l'espace et par le temps, et son Essence qui est au-delà du spatio-temporel.

Mais comment savoir quelque chose de cette Essence ? On y parvient par des expériences du Supra-terrestre qui font prendre conscience à l'homme de la présence d'une Dimension plus élevée en lui. Il en est de petites et de grandes, de fugaces, de passagères ou de durables. Les effets de ces expériences attestent de l'indubitable réalité de cette Dimension. La force agissante et transformatrice de ces expériences est une preuve suffisante qu'il ne s'agit pas ici d'illusion, de simple émotion, mais d'une Réalité.

Toutes les religions se fondent sur de telles expériences. Même si ces expériences originelles se figent en systèmes rationnels, l'expérience elle-même, sans cesse renouvelée, demeure la source intarissable de la vie religieuse. Après un temps de stérilité, nous assistons aujourd'hui à une émergence nouvelle du fond originel. Recueillir les fruits de cette expérience originelle et en canaliser les effets sur le Devenir de l'homme, voilà la tâche du guide sur la voie initiatique.

L'époque n'est pas très éloignée, où il était donné à certains hommes de vivre de telles expériences, que l'on nommait péjorativement « mystiques », parce qu'ils vivaient dans une réalité incompréhensible, ayant sa place « seulement » dans l'âme, dans le sentiment. Il devient plus clair aujourd'hui que cette source est celle-là même à laquelle l'homme s'origine, et par laquelle il peut véritablement exister et se renouveler, surtout lorsque les forces pour résister au défi et à la souffrance de ce monde ne suffisent plus ou commencent à disparaître.

Aujourd'hui, plus nous appréhendons et expérimentons cette Dimension différente plus élevée, dans laquelle se trouvent les racines de la force, du sens et du bonheur de notre vie humaine, plus nous prenons conscience d'une vie inconsciente de cela, qui en est séparée, misérable, morcelée, peccamineuse. Il est manifeste que là où s'ouvre une porte vers le Tout-Autre, une libération de la misère et de la souffrance est possible, quand l'intelligence ordinaire, avec ses facultés rationnelles, s'exténue et qu'une thérapie uniquement positive s'avère défaillante.

Là intervient la thérapie initiatique. Pas seulement chez l'homme qu'une grande détresse, une maladie ou une souffrance conduit à une limite qu'il craint de ne plus pouvoir supporter, mais aussi chez celui qui, percevant de façon privilégiée l'Autre Dimension, désire être conduit vers une forme plus élevée de son existence, pour peu qu'il trouve quelqu'un qui veuille bien être son thérapeute, c'est-à-dire son compagnon sur le chemin du salut.

Initiare signifie ouvrir la voie du mystère. Quel est ce mystère ? C'est justement nous-mêmes dans cette Autre Dimension, celle qui se tient dissimulée sous la réalité du moi existentiel. Son irruption dans le champ des expériences humaines nous entraîne hors des limites spatio-temporelles, de la compréhension rationnelle et de ce qui est techniquement maîtrisable pour nous faire découvrir une Réalité qui n'a aucun rapport avec tout cela.

A partir du mystère qu'il est en son Être, l'homme peut développer avec la souffrance des rapports entièrement nouveaux. Pour celui qui s'identifie encore totalement avec son moi profane, la souffrance a un caractère négatif. D'une manière naturelle, on essaie de l'éviter et lorsqu'elle apparaît, on tentera de la supprimer autant que possible, qu'elle soit physique ou psychique. Car souffrir implique une diminution de la force et de la joie de vivre, et l'absence de douleur est un désir légitime du moi profane.

Pourtant bien des hommes identifiés à leur moi existentiel ont fait des expériences de la souffrance qui n'ont pas seulement eu des effets négatifs, mais aussi des effets positifs. Ainsi en va-t-il de celui qui est gratifié de quelque chose de mieux parce qu'il a accepté la maladie. Il dira alors volontiers : « Je suis devenu un autre par cette maladie. Autrefois j'étais superficiel et sur mon lit d'hôpital, j'ai acquis un savoir qui m'était étranger. La souffrance m'a approfondi. La douleur, la maladie, qui m'ont cloué si longtemps au lit m'ont forcé à pénétrer en moi-même. Je considère à présent ma vie avec un plus grand sérieux. » Ainsi donc, même chez celui qui est dominé par son moi existentiel, l'expérience de la souffrance peut déclencher un processus qui l'oblige à se tourner vers ses propres profondeurs. C'est alors qu'il découvrira la tension entre l'apparence et, sous celle-ci, la Dimension profonde et agissante.

Il n'y a pas très longtemps encore, seules étaient reconnues les souffrances et maladies ayant un caractère objectif reconnaissable et compréhensible : uniquement ce qui était visible, palpable, sensible à la plaque photographique ; alors que les douleurs qui ne pouvaient être réduites à quelque chose de concrètement saisissable, étaient considérées comme imaginaires. Depuis, un nouveau chapitre est venu s'ajouter au « grand livre des thérapies » : la thérapie psychosomatique. Elle repose sur la découverte qu'il existe des maladies physiques ayant une origine psychique. Arthur Jores, le célèbre médecin et thérapeute, constate que toutes les maladies que les animaux ne contractent pas ont une origine psychique. Par conséquent, non seulement le diagnostic, mais également le traitement de la maladie, vont devoir emprunter une nouvelle direction.

Nous savons aujourd'hui qu'une grande partie des maladies physiques sont enracinées dans la psyché, et aussi qu'elles peuvent être traitées par des moyens psychologiques. Il a fallu franchir un grand pas pour ne plus considérer la maladie sur le seul plan physique, et s'orienter vers une thérapie psychosomatique ;

de même, aujourd'hui, il reste à accomplir le chemin qui conduira d'une thérapie pragmatique — uniquement au service du moi existentiel — à une thérapie initiatique au service de la libération de l'Être. La thérapie initiatique ouvre à l'homme la voie vers une Réalité métaphysique et métapsychique de lui-même, qui n'est pas le résultat d'une spéculation ou d'une croyance religieuse, mais le fruit d'une expérience, de l'expérience la plus profonde qu'il soit donné à l'homme de vivre. La réalité expérimentale dont il est question ici n'a pas été reconnue jusqu'ici, car elle se situait hors du champ des expériences naturelles et intelligibles. Pourtant, il s'agit bien, par ces expériences, de toucher des Réalités sur lesquelles se fonde toute religion vivante.

Quand on parle de religion, deux choses sont à séparer : la foi qui est fondée sur un enseignement, et la foi issue d'une expérience. Pour certains, la religion est uniquement la croyance en un enseignement dogmatique dispensé par une institution cultuelle telle que l'Église ; d'autres, par contre, pensent qu'elle se fonde sur des expériences, des expériences profondes, des expériences bouleversantes.

Si l'on distingue l'homme naturel axé sur l'efficacité, qui s'efforce la plupart du temps de construire une existence sécurisante, pleine de joies et d'affection, de celui qui s'enracine dans les profondeurs d'une Réalité supra-terrestre, on peut se poser la question : « N'existe-t-il pas entre l'homme égocentrique dominé par son moi profane, et celui qui se fonde sur la Transcendance, un troisième homme qu'on pourrait appeler spirituel, et qui se met au service du Beau, du Bon et du Vrai ? Et celui-ci n'est-il pas déjà un homme initiatique ? » En fait, il n'en est rien car toutes ces qualités se situent dans le champ de la connaissance et des actions de l'homme naturel ; pourtant, lorsque l'homme naturel éprouve la nécessité de vivre selon ces valeurs, c'est déjà un premier signe de l'irruption de la Transcendance dans la vie de l'homme naturel égocentrique. Dire d'un homme qu'il est plein d'abnégation, serviable et bon, ne permet aucunement de présumer de son enracinement initiatique dans l'Être.

La différence entre l'homme naturel et l'homme initiatique est particulièrement évidente dans leur attitude respective envers la souffrance, notamment lorsque les limites du supportable sont dépassées, lorsque la situation est humainement intolérable, bien qu'inéluctable. Pour l'homme naturel, une telle souffrance est source d'effroi, mais l'homme éveillé initiatiquement, lui, y trouvera la chance, le chemin même, et ne percevra pas seulement dans la souffrance et la déchéance un *negativum*, mais dans l'acceptation de ce qui paraît inacceptable, il pourra trouver la possibilité de parvenir à une Réalité plus profonde. Cependant, la voie initiatique n'entend assurément pas ignorer la lutte contre la souffrance humaine, ou négliger celle de notre semblable. Ce qui est d'ordre « initiatique » devient particulièrement sensible lorsqu'il est question pour le moi d'une souffrance intolérable à laquelle il est impossible de se soustraire. Vu sous cet angle, la souffrance n'est pas essentiellement une situation poussant au désespoir, mais une possibilité d'accéder à une autre Force Agissante, inhérente à notre esprit, et qui permet non seulement de porter, mais encore de traverser et de dépasser cette souffrance, mais aussi, à travers tout cela, de s'ouvrir à une Réalité qui débouche sur le salut qui nous est intrinsèquement destiné, nous reliant ainsi à nouveau à notre « donnée fondamentale » surnaturelle.

Les détresses essentielles de la vie humaine se transforment en chances fondamentales de connaître une nouvelle vie. Trois d'entre elles peuvent rendre la vie humaine intolérable : la peur devant l'anéantissement, le désespoir devant l'absurde et la détresse face à la solitude. L'homme recherche sécurité, amour et compréhension, et lorsque l'une de ces trois données manque complètement, sa vie se trouve devant un mur infranchissable par les moyens naturels. Au moment où se brise le moi naturel, peut naître un homme nouveau. Et c'est lorsque l'homme naturel considère la souffrance, la maladie et la mort senties comme un néant, comme le grand Ennemi que le médecin combat, qu'elles peuvent justement devenir un tremplin pour la voie initiatique, vers une Réalité au sein de laquelle s'amorce une nouvelle existence ; une vie trouvant son sens non plus uniquement dans la maîtrise, la jouissance et la réussite dans le monde, mais dans l'expérience et le témoignage de la Vérité supra-terrestre. L'homme menacé par l'une des trois souffrances fondamentales apprend à accepter l'inacceptable et c'est alors l'occasion pour la thérapie initiatique de le conduire vers une nouvelle existence. Le thérapeute initié conduit d'une certaine façon des ténèbres de la souffrance à la Lumière d'une Vie nouvelle.

Toute thérapie initiatique commence par faire connaître à celui qui demande assistance des expériences dans lesquelles l'Être essentiel le touche et elle lui enseigne à les prendre au sérieux, c'est-à-dire à considérer leur valeur initiatique. L'homme est rendu attentif à la signification de ces moments où le Numineux, ce qualitativement Tout Autre qui témoigne de l'Être, le touche. Mais l'expérience initiatique, par laquelle quelque chose de cette Nature est perçu pour la première fois et pris au sérieux, n'est qu'un pôle de la thérapie initiatique. L'autre aspect de cette expérience est d'ouvrir un chemin à la transformation vers un homme toujours plus transparent à l'Autre Dimension, un homme qui s'incorpore cette Autre Dimension et en témoigne dans le monde.

C'est le moi qui est l'adversaire de la vie initiatique parce qu'il tend à emprunter le chemin pragmatique de la tranquillité et de la sécurité dans le monde. Même s'il y a un désir naturel de suivre d'abord ce chemin, il n'en demeure pas moins que la conversion et le retour à la Source divine sont les tâches essentielles. Et le thérapeute initié prend au sérieux l'origine céleste de l'homme, considère notre existence ordinaire comme un exil — ce que les chrétiens nomment le péché originel. Il considère qu'il est du devoir de l'homme de retrouver le chemin vers l'origine, non pas comme une régression, mais comme le sens et le but du chemin, ce qui implique un détournement du moi existentiel. Sans le sentiment de culpabilité à l'égard de l'origine divine, dû à l'identification du moi à la connaissance rationnelle et à son enracinement en elle — parce qu'il est coupé de sa source, naturellement indépendant, qu'il veut « vivre sa vie » et jouir d'exister — sans ce moi et son péché, et le sentiment de détresse qui en découle, (cette asphyxie de l'Être qui ne peut s'épanouir dans la seule sphère de réalisation du moi), nous ne pourrions connaître la nostalgie et être disponible pour ce Retour vers la Réalité première de notre Soi, dans laquelle est en vérité inscrit le Salut éternel pour tous les temps.

Retrouver une vie qui se réalise pleinement sur le plan terrestre sans perdre le fil d'or qui la relie à son Être essentiel, retrouver cette vie qui s'applique dans le monde à témoigner de cet Être et de son influence, c'est constituer l'Homme tel qu'il est conçu au plan divin, c'est permettre au Grand Être de résonner à travers lui.

La thérapie initiatique a pour fonction l'accompagnement sur le Chemin. Celui-ci débute par un premier contact avec le Tout-Autre, et dans cette expérience il trouve une promesse et reçoit pour mission une nouvelle vie ancrée dans le Divin, où l'on s'efforce, fidèle à l'appel de l'Être, de progresser sur la voie de la Transformation, dans un progrès sans fin vers le salut. Ce salut n'est pas un salut que l'on peut atteindre, mais un Chemin de Devenir sans fin : c'est ce qu'il est donné à l'homme d'éprouver de plus élevé. L'initiation qu'il a reçue dans cette première expérience portera ses fruits dans un individuation progressive.

La thérapie initiatique concerne la Grande Transparence, la Transparence à la Transcendance qui nous est immanente.

L'homme ne peut « apprendre » « Ce » qu'est l'Être. Ce n'est ni un « ceci », ni un « cela », et échappe à toute définition. Et, pourtant, une chose est certaine : c'est « La Vie », la Grande Vie, la Métamorphose permanente, la Transformation créatrice à chaque instant. Sa route est barrée par tout ce qui s'oppose à la métamorphose, par tout ce qui est statique, ce qui veut demeurer, s'établir, ce qui est fixé et plus précisément par toute réalité apparaissant solidement acquise. Tout cela, c'est justement ce qui est au principe du moi existentiel. Notre conscience objective, subordonnée à ce moi, constate, crée des objets, fixe. Toujours elle gravite autour de ce qui est solidement établi : tout ordre statique, toute forme de possession, la structure d'une communauté, la hiérarchie des valeurs, l'éthique qui règle les comportements, sans laquelle une collectivité ne pourrait vivre dans ce monde. Et la conscience qui intime à l'homme de s'organiser est l'expression de la structure qui maintient une collectivité, ce qui, dans les faits, n'existe plus beaucoup de nos jours. S'il est sûr qu'une collectivité est consciemment ou inconsciemment fondée sur des valeurs intérieures, il est certain que ces valeurs peuvent, parce qu'elles sont statiques, être un obstacle aux métamorphoses exigées par l'Être dans les moments où l'homme se voit réclamer quelque chose d'inhabituel : le témoignage du Tout-Autre. Ainsi le chemin initiatique mène-t-il parfois l'homme à des situations incroyablement difficiles où il doit ignorer la voix de la conscience collective pour écouter celle de l'Être. Ainsi entendue, la tâche du thérapeute initiatique apportera une réelle assistance.

S'agit-il de prêter l'oreille à l'Être, de donner la première place au Divin qui nous habite, s'agit-il de suivre le Christ, alors se présenteront des situations où nous aurons le devoir d'agir d'une façon incompréhensible pour la conscience collective. Il en est ainsi lorsque Jésus dit au jeune homme qui exprime le désir de le suivre, mais qui aimerait d'abord enterrer son frère : « Suis-moi et laisse les morts enterrer leurs morts » (Mt 8, 22) ou « Laisse les morts enterrer les morts, et va annoncer le Royaume des cieux » (Lc 9, 6). Ou lorsqu'il dit : « Si quelqu'un vient à moi sans haïr son père, sa mère, sa femme, ses enfants, ses frères, ses sœurs, et jusqu'à sa propre vie, il ne peut être mon disciple » (Lc 14, 26).

Ce sont là des gifles à la face des honnêtes gens, mais c'est justement ce qui peut être exigé de l'homme, dans certaines circonstances, sur le chemin initiatique. Nous savons aujourd'hui que la séparation, souvent douloureuse, d'avec l'envoûtante puissance parentale, que le détachement de la mère trop aimante et du « modèle » paternel, est la condition nécessaire à l'individuation future du moi existentiel. Le douloureux détachement des biens terrestres est une nécessité profonde parce qu'il est une condition à la libération dans l'Être. Dans l'obéissance à la conscience absolue peut s'accomplir la métamorphose vers un homme pour qui, comme le dit une maxime orientale, « chaque situation est la meilleure des occasions » — chaque situation est la meilleure des occasions pour témoigner de l'Être.

La transformation initiatique, c'est-à-dire l'engagement progressif à l'égard du noyau divin est une mutation vers la liberté, vers une libération d'autant plus totale que l'homme concerné est plus pur et plus profond ; libération à l'égard des lois, des devoirs, des liens, mais aussi des peurs et des détresses profondes. L'homme entièrement ouvert à son Être — ce qui assurément est très rare — agit à tout instant depuis son Centre véritable.

La souffrance que guérit la thérapie initiatique est une souffrance dont l'homme ignore la plupart du temps l'origine. C'est celle de l'Être prisonnier du moi existentiel, celle que l'homme renferme et dont il ne prend conscience que dans l'asphyxie de son Être, fasciné qu'il est par son moi profane. C'est la situation de notre époque, où l'homme, tant il est prisonnier d'un réseau de contraintes, ne perçoit plus la libération venant de son Essence. Il cherche la liberté de son « petit-moi », afin de donner libre cours à ses désirs. Mais il ignore qu'il est question surtout d'être libre « du » moi, pour se tourner vers cette liberté intérieure qui vient de l'Être, qui lui procure cette confiance fondamentale que jamais le moi ne lui offrira. Du côté du moi, sa confiance est basée sur l'avoir, le pouvoir et le savoir. Mais de l'Être, qui le porte, lui vient une confiance que rien ne peut plus anéantir, quand bien même il ne possède, ne sait et ne peut plus rien, mais EST.

Il existe aujourd'hui beaucoup de gens, et même de jeunes gens, qui dans leur souffrance disent : « Ce que je cherche n'est pas une thérapie, mais une compréhension plus profonde de mon existence. » Cela souligne en un mot le caractère spécifique d'une telle souffrance. L'homme qui parle ainsi se sent perdu, égaré dans une impasse, il cherche sa voie propre, et un chemin, son Chemin vers le salut. Il se sent emprisonné dans un espace vital qui n'est pas à sa mesure et cherche une porte qui s'ouvre au loin sur de nouveaux espaces. Il n'en va plus seulement de sa position dans le monde, mais surtout de la possibilité de trouver à nouveau cette profondeur de son Être, que sa fixation unilatérale au monde lui interdisait. Re-connaître ses propres dimensions profondes, auxquelles donne accès la thérapie initiatique, c'est alors toucher au Mystère. En ce sens, il s'agit pour l'âme d'une intronisation dans un Temps et un Espace qui lui étaient jusqu'alors étrangers et l'homme cherche alors à se libérer de son moi existentiel.

Cette phrase : « Je ne cherche pas une thérapie, mais une initiation », ne caractérise pas la souffrance « du » moi, mais bien celle « en-deçà » du moi existentiel, en amont de la dualité, de la scission du moi — moi que, bien évidemment, il conserve — et de l'Être, dont il souffre. Mais la prééminence indiscutable de l'Être sur le moi existentiel est pour ce dernier un danger constant, qui est cause de la peur existentielle. Celle-ci n'a pas son origine dans le réel, et, pourtant, elle maintient de nombreux humains sous sa fascination.

Le médecin traditionnel et, encore moins le psycho-thérapeute dont l'horizon ne dépasse pas la sphère du moi existentiel ne sauront que faire de cette exigence d'une initiation en lieu et place d'une thérapie ; car ici, il ne s'agit nullement du rétablissement d'un état de santé, par lequel, si l'on peut dire, l'homme « réagit » à nouveau « normalement » : car à travers sa souffrance, cet homme-là a déjà dépassé la dimension de l'homme « normal ». Il s'est détourné des chemins de la normalité, il a peut-être absorbé des drogues, mené une vie dissolue, il est tombé entre les mains de faux prophètes, il a connu la perversion sexuelle. Il ne sait plus ce qui est vrai, perturbe tout autour de lui, se rend insupportable, mais en même temps, ils pressent parfois dans son déséquilibre que sa souffrance lui signifie — et le pousse vers — une autre dimension, qui seule pourrait le transformer et le « sauver ». Cette intuition lui vient dans les instants où, au cœur même de la nuit, il perçoit des éclairs de lumière qui lui indiquent la possibilité d'une clarification et d'un renouvellement. Une psychothérapie qui n'aurait en vue que le rétablissement d'un état normal est dans l'impossibilité de lui indiquer une issue à sa détresse, car il s'agit à présent de bien autre chose : il s'agit de faire le saut dans un nouvel espace, dans une Autre Dimension.

Tel était, de tout temps, le dessin des rites initiatiques. Il y est toujours question d'un « mourir » qui fait partie d'une métamorphose. Des temps les plus reculés jusqu'à nos jours, il n'est aucun de ces rites initiatiques qui n'exige la réalisation de « quelque chose » qui semble impossible au moi ordinaire. Les exercices japonais, par exemple, le tir à l'arc, le combat au sabre, le Za-Zen exercé rigoureusement, conduisent par une pratique étalée sur de nombreuses années vers un seuil, en quelque sorte une épreuve limite. Habituellement, pour réussir cette épreuve, il faut n'en point sortir brisé. Mais pour ce qui nous intéresse, cette épreuve est réussie lorsqu'on accepte la rupture et qu'on y survit, c'est-à-dire lorsqu'on laisse se déchirer le lien qui nous unit au monde, aussi terrifiante que puisse être la traversée de cette épreuve. Mais cela implique une nouvelle naissance ; dans le meilleur des cas — comme le disait Maître Eckhart — il y a résurrection (palingénésie) de Dieu dans l'âme de l'homme.

Au cours de l'expérience initiatique, comprise comme étincelle initiale, le lien qui reliait l'homme au vieux monde est rompue, il est dé-porté de son point de vue habituel et peut paraître dérangé. Il ne se ressemble plus. Cet instant, où il se sent transporté, peut-être, dans un état « divin », est pour lui celui de la mutation capitale. Pendant un temps plus ou moins long, il est soustrait au monde ordinaire, il paraît souvent insensé aux yeux de son entourage, on le déclare schizophrène. Il est alors à souhaiter qu'il rencontre un thérapeute qui comprenne qu'il se trouve au cœur d'une expérience numineuse, qu'il est saisi par « quelque chose » d'immense, qui le bouleverse, où lui est dévoilé un futur qui lui était occulté tant qu'il était un homme « encore normal ». Un être humain à qui il est donné de vivre un tel moment, et qui en revient, reste marqué. Il a un secret, il SAIT quelque chose. Il appartient désormais à une autre famille. Très rarement, il aura l'occasion de rencontrer un ami, un frère. Ils se feront un signe, échangeront peut-être à peine quelques mots ; on se comprend en peu de mots, on appartient à un autre plan. Il peut, évidemment, à nouveau évoluer dans le monde et exercer un métier comme tout le monde, mais en secret il vit d'une nouvelle dimension et n'en vivra vraiment de manière valable que lorsqu'il développera plus amplement, en toute conscience, en y engageant sa propre responsabilité, l'État nouvellement acquis.

Au fond, chacun de nous peut être cet homme ayant besoin d'une thérapie initiatique. Mais nous n'avons pas conscience de notre maladie, de notre manque, car nous ne sentons pas ce qu'au fond nous sommes réellement, « ce » à quoi nous sommes donc destinés et appelés. Ici, le thérapeute nous servira de guide sur la voie, nous enseignera à connaître la signification des instants où nous sommes touchés par la Transcendance Immanente, nous aidera à les prendre au sérieux, à accepter la mission qu'ils impliquent et à intégrer le chemin de la transformation. Si nous remplissons ce devoir, alors notre rapport à la souffrance se transformera également. Accepter cela, c'est acquitter le droit d'aborder à l'Autre Rive.

CHAPITRE VIII

VIEILLIR : UN TEMPS POUR LA TRANSFORMATION

On retrouve dans la psychothérapie des personnes âgées les mêmes problèmes que dans celle de l'adolescent. Une seule chose les différencie : inéluctablement, la mort approche du vieillard. Si le thérapeute parvient à mettre en place les bonnes conditions pour mourir, alors la mort elle-même devient thérapeute. Elle apporte en tant que telle à la personne âgée un double message auquel celle-ci doit assurément devenir attentive : « Quitte tout ce dont tu dépends, accueille tout ce qui t'est le plus intérieur. »

Les infirmités dues à l'âge et les souffrances qui les accompagnent sont en règle générale la cause d'une diminution des facultés et des capacités de réalisation. Physiquement et psychiquement la personne âgée a besoin d'aide, la vigueur fait place à une faiblesse qui la rend de plus en plus dépendante de ses proches pour la vie extérieure et elle souffre de ne plus pouvoir agir.

Il existe une thérapie d'encouragement, d'exhortation qui cherche à convaincre l'homme qu'il lui est encore possible de réaliser quelque chose. Cette thérapie est suspecte.

Assurément, tant qu'il peut encore être actif, la femme dans son foyer, l'homme se consacrant à de petites activités auxquelles il est habitué, il est important de lui conserver ces joies. Son centre d'intérêt ne devrait cependant pas se situer dans ces domaines où inévitablement il régressera, mais bien dans ceux où, jusqu'à sa fin, il pourra croître. Cela ne concerne évidemment jamais une réalisation dans le monde, mais la maturation intérieure.

Maîtriser le monde et réaliser une œuvre, d'une part, mûrir sur la voie intérieure d'autre part : toute vie humaine est placée sous le signe du conflit entre ces deux lois, conflit qui, l'âge venant, doit être résolu sans équivoque, au profit du chemin intérieur. Le sens de la vieillesse n'est pas la performance, mais la maturité. La thérapie de la personne âgée commence par une tentative pour la convaincre de la nécessité de déplacer son centre d'intérêt de la réalisation dans le monde à la maturation intérieure.

Celle-ci suppose une métamorphose totale de l'homme, qui fait de l'Être transcendant et non plus du moi profane le centre directeur de son existence. Le fruit de la maturation serait alors l'homme pour lequel témoigner, par sa manière d'être présent et par toutes ses activités, de son noyau transcendant, constitue le sens de son existence.

La thérapie que nous proposons ici est initiatique, *initiare* signifiant ouvrir la porte vers le mystère. Le mystère c'est nous-même et le monde dans la Transcendance Immanente qui nous habite, nous et le monde. La thérapie initiatique se propose de créer les conditions qui permettent de prendre conscience de l'être transcendant en nous, de le laisser vibrer en nous, résonner en tant que personne, d'éprouver cet être, de le reconnaître, de le développer et de l'aimer.

Il y a un vieillard qui n'a pas besoin de psychothérapeute parce qu'il a déjà découvert le chemin intérieur. Ainsi ne souffre-t-il d'aucune détresse intérieure. Visiblement, son existence a tiré son sens profond de l'Être essentiel et s'est approfondie à chaque nouvelle souffrance existentielle. Il émane de lui une certaine lumière, une certaine chaleur, une assurance, une totale absence de crainte. S'il est susceptible de connaître à nouveau la détresse, il saura que c'est la conséquence d'un niveau de maturité insuffisant qui ne lui permet pas de tenir tête à l'irruption des forces intérieures ou extérieures du moi profane. Pour résumer, l'attitude authentique du vieillard, c'est un mode de vie totalement orienté vers « l'Unique Indispensable », la Réalisation de la Grande Transparence à l'Être Divin qui lui est immanent.

Un mal largement répandu chez les personnes âgées est la rigidité, rigidité corporelle retentissant sur la psyché ou rigidité de l'âme. Cette rigidité se répercute dans le corps et produit une sclérose, non pas uniquement du corps « que l'on a », mais aussi « du corps que l'on est », c'est-à-dire de l'homme en tant que personne dans la forme qu'il manifeste dans l'existence. Le corps que l'on est, c'est le corps comme ensemble des attitudes par lesquelles l'homme se présente et s'exprime et par lesquelles aussi il se manque ou se réalise dans l'Être. Par contre, le corps « que l'on a » est celui qui est considéré comme un objet, en quelque sorte un instrument dénué d'âme et toujours prêt à fonctionner. Est-il déficient ? — on le porte au médecin pour réparation !

La sclérose, la crispation se traduisent fondamentalement par la volonté de se maintenir à tout prix, de s'agripper, par l'incapacité à « lâcher prise ». La thérapie de la personne âgée trouve là un terrain privilégié : il faut lui apprendre à lâcher prise. Il est étonnant de constater quels résultats on peut obtenir lorsque l'on enseigne à un homme à *se* lâcher, par exemple à *se* laisser expirer à travers une partie douloureuse du corps au lieu d'accomplir le geste inverse, le geste anti-naturel, celui que l'on fait habituellement, qui retient la respiration, qui oppose une résistance à chaque douleur, raidissant et bloquant ainsi la partie malade. Cette rigidité, expression habituelle d'une incapacité à lâcher prise n'est pas l'unique maladie de la personne âgée ; l'attitude contraire — le laisser-aller — est toute aussi fausse. La vie exige pour son incessant renouvellement, non seulement que l'on consente sans cesse à nouveau à abandonner la forme acquise, mais aussi que l'on ne renonce jamais si peu que ce soit, à « être en forme », à être dans la juste forme, qui accueille le flux sans cesse renouvelé de la vie et permet de futures métamorphoses. Pour le vieillard également, la vie concrète est transformation continuelle de l'apparence, sacrifice constant du devenu et acceptation de la nouvelle forme. Pour lui aussi, la loi du juste équilibre entre tension et détente est valable. Cet équilibre devient fallacieux lorsque s'installent raideur et avachissement. Le maintien de la forme juste exige la préservation de la bonne détente et de la tension correcte. La compréhension de ces mécanismes, les exercices et les règles qui en découlent constituent précisément la psychothérapie de la personne âgée.

Lorsqu'un jour, pour des raisons d'âge, l'homme est forcé d'abandonner son activité habituelle, il se trouve dans une situation entièrement nouvelle à laquelle il n'est généralement pas préparé. Il aimerait, par exemple, profiter un moment de sa retraite, reprendre son souffle, quand subitement la maladie le contraint à abandonner. A ce moment-là, il sombre dans une inertie, une vacuité dans lesquelles il ne se reconnaît pas.

Une question l'assaille : quel sens ma vie a-t-elle encore ? D'ailleurs, quel sens pourrait-elle encore avoir lorsqu'on ne peut plus rien réaliser ? Peut-être pourrait-on aider les générations plus jeunes grâce à la somme de connaissance accumulées au cours d'une longue existence ? On se heurte chaque fois à la même déception : la jeune génération veut faire ses propres expériences. On rencontre rarement un vieil homme qui ait l'occasion de transmettre aux plus jeunes la richesse de son acquis. Dans ce cas, le psychothérapeute peut et doit ouvrir de nouvelles perspectives à la personne âgée et lui permettre de trouver le chemin de l'Être surnaturel, l'aidant ainsi à dépasser cette désillusion. Et très précisément, en l'aidant à dépasser cette désillusion, il lui permet de franchir un nouveau seuil, rendant possible l'approfondissement de la vie vers la Réalité supra-terrestre.

Les possibilités particulières offertes à la personne âgée par la thérapie initiatique dépendent aussi de conditions qui relèvent déjà d'une thérapie pré-initiatique. Dans certaines situations, le vieillard, et lui surtout, souffre de n'avoir pas clarifié son inconscient. Tant que l'individu maîtrise ses capacités d'action — la personne âgée s'accomplissant quant à elle dans l'exercice de son savoir — il vit facilement éloigné de sa problématique intime et ignore les forces de son ombre. Mais lorsque s'écroule pour lui l'univers actif, toute sa profondeur non vécue s'active pour apparaître sous forme d'amertume, de susceptibilité, d'obstination, de prétentions exagérées aux égards, de plaintes geignardes, etc., multiples expressions d'un moi jusqu'alors au service d'obligations matérielles, mais à présent démobilisé, et qui, avec un égocentrisme naïf, manifeste ses propres exigences. De nombreuses infirmités sont, chez la personne âgée, l'expression d'un refoulement, la somatisation de choses retenues depuis des décennies. Ce sont dans une large mesure des sentiments coupables, des agressions, des désillusions, des larmes non versées, des accès de colère refoulés. Derrière la facade du vieillard paisible, réservé, affleure le doute, qui traduit non seulement le tourment, mais surtout un blocage sur la voie qu'il devrait légitimement suivre ; la voie vers la profondeur de son être, en laquelle véritablement il pourrait trouver cette Plénitude qui lui est promise en tant qu'homme. Ainsi la psychothérapie de la personne âgée devra reprendre en partie les méthodes de la psychothérapie traditionnelle pour tout ce qui concerne la prise en compte de l'ombre ; c'est ainsi qu'on pourra l'aider à entrer en relation avec elle, c'est-à-dire à reconnaître et à intégrer les forces profondes toujours vivantes en elle, qui sans cesse menacent sa façade. Les méthodes pour cela peuvent être semblables à celles des thérapies habituelles. Il lui sera désormais possible de réactualiser certaines situations qu'elle réprimait jusqu'alors dans le passé. Le chemin vers la libération prendra des formes diverses ; par exemple coucher sur le papier quelque situation conflictuelle restée en suspens qui oppresse le cœur ; pouvoir, sans contrainte aucune, transcrire ce qui accable de culpabilité, remplit de colère ou fait jeter un regard désenchanté sur le passé. Tout exprimer par le moyen de l'écriture, avec une absolue sincérité, peut apporter un grand soulagement, une réelle libération en vue d'une nouvelle évolution. Il n'est souvent pas nécessaire qu'un tiers le lise, cela doit juste être écrit : toute la fureur dirigée contre un homme dans une lettre définitive ! Fréquemment, c'est le père, la peur qu'il faisait naître, les coups reçus. Ou la mère qui refusait la tendresse que l'on recherchait tant, ou la « mère dévoreuse » qui ne vous lâchait jamais. Souvent, c'est un frère ou une sœur qui vous faisait souffrir. Ou un maître du temps de la scolarité, ce qui peut remonter à soixante ans, un supérieur que l'on a subi pendant de longues années : tous ceux à qui l'on peut dire ce qui est, et ceci d'une façon qui libère intérieurement. Peut-être ne sont-ils même plus en vie, pourtant ils sont encore présents, il est encore possible de s'adresser à eux, possible d'entreprendre à leur égard toute démarche intérieurement libératrice permettant le rétablissement de l'équilibre profond. Parfois, c'est même le compagnon de vie, qui malgré tout l'amour qui nous liait, tentait de nous emprisonner. On garde au fond de soi certains reproches à son endroit qui restent inexprimés au nom de cette « chère volonté de paix ». Tout cela peut et doit s'exprimer.

L'homme de notre époque est tellement perturbé dans sa capacité d'écoute, le spectacle du monde l'a à ce point rendu sourd à la subtile musique de la véritable Vie témoignant de l'Être essentiel, qu'il lui faut un certain temps pour apprendre à la percevoir, et dans son monde intérieur, et dans le monde extérieur. L'y aider, c'est le devoir fondamental de la thérapie de la personne âgée.

Il s'agit d'ouvrir l'Organe permettant la perception de cette Réalité au sein de laquelle coule l'inépuisable Source de l'Être, indépendante des modalités particulières de l'existence. Cet Organe, c'est l'homme tout entier dans une disponibilité et une orientation particulière que son être exige de lui. Le sens de la vieillesse est de parvenir à faire jaillir à nouveau cette Source.

Une difficulté particulière de la thérapie des personnes âgées est liée au problème de la communication. La compréhension mutuelle dépend d'une part du fond d'expérience commune, d'autre part du langage. La vie en société, mais aussi dans une communauté plus restreinte, le petit cercle familial, la vie du couple, ne prennent leur sens qu'en rapport avec le vécu commun. La majorité des échanges par lesquels les hommes communiquent concerne la sphère restreinte de ce qui est vécu en commun, que ce soit en public ou dans l'intimité. Ce que l'individu expérimente au plus profond est la plupart du temps occulté, exclu. Même lorsqu'il l'a amené à la conscience, il n'est pas en mesure de le partager. Bien souvent même, il rejette sa propre conscience de son noyau le plus intime. Il est plein de blocages inconscients qui font obstacle aux forces de guérison qui pourraient émerger. L'intériorité propre à l'homme a de moins en moins de place dans la vie quotidienne actuelle. A l'opposé, le besoin d'une prise de conscience du refoulement extrême des forces des profondeurs est devenu très grand et il est nécessaire, dans le cadre d'une thérapie, de faire appel à de multiples possibilités d'expression, qui peuvent aller jusqu'aux formes les plus primitives, l'explosion brutale, le cri inarticulé, à travers lesquels la nature profonde, étouffée, refoulée, a la possibilité d'émerger. Mais il faut bien savoir que, pour la plupart, ces pratiques permettent d'actionner une soupape de sécurité, mais ne lui ouvrent en aucune façon la voie d'un possible contact avec sa surnature, l'Essence de sa profondeur, c'est-à-dire la Transcendance Immanente. Pourtant, c'est l'unique chemin qui donne à la personne âgée une chance de trouver le sens véritable de sa vie.

Ce qui importe, à travers l'extériorisation des pulsions refoulées, ce n'est pas tant la restructuration du monde extérieur que la clarification et la réorganisation du paysage intérieur, sans quoi le chemin vers la liberté est impossible. Ce qui est déterminant, c'est le chemin lui-même, chemin vers cet espace situé au-delà des contingences du temps et de l'espace, au-delà aussi de tout ce qui se déroule, et qu'on pourrait appeler destin individuel. Il s'agit de l'espace qui, limité jusqu'alors aux horizons de la vie individuelle, s'élargit jusqu'à l'infini, au-delà du domaine contingent de la destinée personnelle.

Il est essentiel, pour une thérapie initiatique appliquée à la personne âgée, que le thérapeute lui-même se trouve sur la voie initiatique. Quelle que soit l'importance réelle d'une tâche accomplie au niveau existentiel, l'Autre Dimension, la voie vers la profondeur, la voie vers la maturité doit devenir prééminente, de sorte que même la tâche dont il est responsable ne soit pas d'abord au service du monde, mais avant tout au service de son devenir propre. Il doit avoir lui-même conscience de ce qui détermine sa croissance intérieure. Il doit lui-même pouvoir déceler certains Touchers de l'Être qui lui ont permis sans le moindre doute d'entrer en contact avec la Réalité de la Transcendance Immanente. Il doit avoir fait l'expérience de cette profondeur qui non seulement rend incontestable cette Réalité, mais lui a aussi dévoilé la signification centrale de la Vraie Vie. Il doit avoir expérimenté la Promesse que l'homme porte en son être. Il doit avoir ressenti cette transformation libératrice qui peut émaner d'une rencontre avec l'Être, et avoir discerné la mission impérative qu'elle implique. Il doit non seulement la discerner, mais encore la faire sienne dans son existence. Par conséquent, la vie du psychothérapeute accompagnant sur la voie initiatique doit être placée sans équivoque sous le signe d'un *Exercitium*, d'une discipline, qui ne lui est aucunement imposée par une instance ou une nécessité extérieure, mais qui témoigne de la fidélité à une décision qu'en toute liberté il lui a plu de s'imposer. Alors seulement il peut demander la même chose au vieillard qui lui est confié. Ce sont là, certes, des exigences élevées, mais s'y soumettre rend le thérapeute apte à indiquer à la personne âgée le nouveau chemin.

D'autre part, la psychothérapie de l'homme âgé dépend pour beaucoup de ce que celui-ci a déjà fait en vue d'un engagement sur la voie initiatique. Au fond, il s'agit, dans une telle psychothérapie, d'une réelle prise en compte du vécu religieux. La question est de savoir s'il s'est jamais senti concerné par une Autre Dimension, par la Réalité supra-terrestre, la Réalité Divine. Quand la personne âgée est solidement enracinée dans sa foi traditionnelle et qu'il y a un lien solide entre son Dieu et elle, quand il y a un penchant naturel à la prière et que cela lui procure le sentiment d'être portée et protégée, elle n'a nul besoin de thérapeute. Quand, par contre — et c'est le cas pour la plupart des personnes âgées — le doute a pris le pas sur la foi, sur la foi en la Justice divine, alors le thérapeute peut et doit devenir guide spirituel. Il doit, en place d'une « croyance » qui soumet la Justice divine au jugement humain et ainsi s'éloigne de Dieu, tenter d'ouvrir la voie à une foi fondée sur des expériences qui donnent accès à une Réalité chargée de sens et humainement mesurable bien qu'elle se situe en dehors du spatiotemporel. Le contenu de telles expériences est une Dimension où l'opposition des contraires est dépassée, où l'homme est libéré des luttes convulsives avec les forces qui s'opposent à ses espérances. Alors, il n'accuse plus le sort, et ce qui précisément le faisait souffrir devient, par l'acceptation, la Source d'une expérience qui le porte au-delà de toute souffrance et fait naître une Lumière nouvelle au sein des ténèbres. Dans ce cas, le thérapeute devient guide spirituel et son devoir premier consiste à initier à une Dimension qui nous est immanente et dont la Force soutient, donne un Sens, libère, et devient source d'une nouvelle orientation. La réalisation de cette vocation dépend incontestablement de l'ouverture du vieillard. Celui qui est endurci, irritable et négatif n'est plus ouvert au chemin intérieur. Il ne se sentira naturellement plus concerné par une thérapie.

Se demander quel est le sens religieux de l'existence, c'est poser la question de la Transcendance, de la Transcendance comme une Réalité Divine plus grande, supra-terrestre, qui englobe, fonde et pénètre notre réalité spatio-temporelle. Non seulement les détresses de notre monde limité ne remettent pas en question le sens de cette Réalité mais elles constituent précisément — par les souffrances inévitables, par la mort même — l'occasion, pour ce sens, de percer.

Avant de se tourner, comme elle le doit, vers l'intériorité, la personne âgée a aimé la vie et quand les liens avec la vie extérieure doivent être peu à peu relâchés, il faut prendre en considération l'intensité de son amour pour la vie. Rien ne serait plus faux, à l'instant du sacrifice nécessaire de tout ce qui anime et inspire les plus beaux moment de la vie naturelle, que de remettre en question le bonheur tel que peut le concevoir l'homme en pleine possession de ses moyens. C'est seulement s'il dit

« oui » à la vie, s'il l'aime, que le prix de cette mutation qui est réclamée à la personne âgée devient manifeste. Il lui faut comprendre qu'il est indispensable d'abandonner cette vie qu'elle aime tant, mais aussi que la possibilité lui est offerte de reconnaître qu'à sa place peut éclore une vie qui ne sera plus menacée, qui ne connaîtra plus les détresses existentielles, mais qui, par elles et à travers elles, s'épanouira en une harmonie supérieure à toutes les possibilités de bonheur de la vie présente et passée. Les détresses fondamentales auxquelles nul n'échappe peuvent être une étape et déboucher sur une foi nouvelle. Ces détresses sont la peur devant la menace d'anéantissement, et pour tout dire, la peur qu'à chaque homme de sa propre mort, la confrontation avec l'absurde et le désespoir devant le non-sens, et enfin la détresse dans l'isolement. La personne âgée s'approche inéluctablement de ces trois épreuves majeures qui menacent l'existence humaine. De ce fait, la thérapie qui lui est destinée consistera à la guider vers une voie où elle peut apprendre à rencontrer ces épreuves sans effroi et ainsi à les transformer en sources de vie nouvelle et approfondie. L'être humain ne peut pas venir à bout de cette tâche à l'aide de son moi ordinaire ; il doit soit abandonner ce moi, soit le dépasser. Lorsque cette tâche est remplie, il accède d'un coup à un nouveau plan. A ce moment-là, il goûte non seulement le miracle de sa propre transformation, mais encore celui de son existence même : dans l'acceptation de la mort peut naître une vie au-delà de la vie et de la mort ; dans l'acceptation de l'absurdité grandissante, qui assombrit l'espace vital subsistant, peut émerger un Sens qui illumine un domaine situé au-delà de ce qui oppose, pour l'homme ordinaire, le sens au non-sens ; et dans l'acceptation de la solitude il peut se sentir accueilli et protégé au sein d'un TOUT supra-terrestre, situé au-delà de tout sentiment de solitude ou de sécurité dans ce monde.

Il y a eu et il y a encore une foi en Dieu, en une œuvre rédemptrice de Jésus-Christ, qui porte à ce point le croyant, que rien de ce qui peut lui advenir dans la vie n'ébranle cette foi. Ce sont justement *ces* expériences, qui l'auraient poussé au doute s'il avait été un être humain ordinaire, qui sans cesse le ramènent au sein de Dieu et lui permettent ainsi d'éprouver la puissance rédemptrice de l'homme crucifié. Néanmoins, parce que la pensée rationnelle supplante la foi, qui ne peut être fondée rationnellement, l'homme est en proie à un doute quant au sens de l'existence. Si, dans ces conditions de désolation, la grâce lui est faite de vivre des expériences qui le projettent, sans le moindre doute, dans une Dimension située au-delà des limites humaines et non affectée par elles, et s'il prend au sérieux ces expériences, il a alors la chance de connaître une nouvelle vie spirituelle.

Ouvrir au vieil homme la voie de cette nouvelle vie, telle est la possible tâche du psychothérapeute rendu sensible au problème fondamental du vieillard parce qu'il a lui-même fait l'expérience d'une Réalité qu'il reconnaît comme la Réalité ultime située au-delà de toutes les incertitudes.

Finalement, le psychothérapeute de la personne âgée doit permettre l'élargissement des horizons d'une vie dirigée jusque-là par le moi existentiel. S'il se fonde sur une expérience religieuse propre, le thérapeute peut, de façon personnelle, parler de ces « choses » sans « sermonner », et il prévient ainsi le scepticisme prosaïque de la personne âgée, scepticisme impossible à réduire par l'invitation bien intentionnée à « croire quand-même ». Tout ce qui apparaissait jusque-là comme une fin, et à ce titre était redouté, devient par une acceptation, possibilité d'une véritable naissance : l'acceptation de la faiblesse débouche sur la découverte d'une nouvelle Force, l'acceptation des ténèbres permet la révélation d'une nouvelle Lumière, l'acceptation de l'engourdissement progressif rend possible une nouvelle Chaleur, au sein de laquelle le Tout-Un se manifeste par le déferlement d'un Amour surhumain. Ainsi la mort perdra-t-elle, pour la personne âgée correctement conduite, son caractère déchirant. Elle lui apparaît, de son vivant déjà, comme Porte de Passage vers une nouvelle Vie, comme une force curative et transformatrice. Notre époque connaît un tournant décisif dans la conscience qu'elle peut avoir des choses de la Transcendance : elle passe d'une conception ancienne, source d'une foi qui succombe sans cesse au doute devant l'immense souffrance de ce monde, à une conception nouvelle ; celle d'une Transcendance perçue par une expérience salvatrice et transformatrice, qui peut précisément se vivre et s'éprouver au cœur de tout ce devant quoi la foi traditionnelle s'effondre.

Lorsque arrive le moment d'indiquer à la personne âgée un nouveau chemin, le travail doit nécessairement se fonder sur une tentative de remémoration des situations où, dans le passé, l'Autre Dimension, celle de l'Être, est entrée clairement en résonance. Il s'agit des expériences de l'Être, par lesquelles une plus grande Vie présente en l'être humain désire, en lui et à travers lui, se manifester dans le monde. Il s'agit de revivre les instants de contact avec l'Être essentiel. Fort peu d'existences sont exemptes de telles expériences. Souvent, elles remontent à la jeunesse, à l'adolescence, au moment où dans les bouleversements de la puberté, le monde de l'enfance s'effondre ou se dissout. C'est le moment où les contours de l'existence formelle s'évanouissent, où le passage à une nouvelle structure fait transparaître une tout autre réalité et engendre une exaltation au sein de laquelle, dans la tension qui règne entre sa solitude profonde et son sentiment de communion universelle, l'adolescent éprouve quelque chose du fondement divin de la vie humaine. Il existe également d'authentiques contacts avec l'Être dans la petite enfance, vers l'âge de cinq, six ans, dont l'adulte se souvient très exactement. Et les évoquer peut être salutaire pour la personne âgée car la validité des expériences est durable, leur contenu étant intemporel.

Il est donc du devoir du psychothérapeute de solliciter chez la personne âgée l'évocation des heures étoilées de sa vie, au cours desquelles, brusquement et sans peine, elle a éprouvé « quelque chose », qui non seulement la comblait, mais qui, pour un instant, la transportait dans une Autre Dimension. A ce moment-là, elle croyait certainement avoir rêvé, avoir été sous l'emprise d'une quelconque exaltation émotive vide de sens ; d'ailleurs elle a préféré jusqu'alors continuer à croire que ces émotions ne sont que les signes fallacieux d'une réalité inconstante, alors que la « vraie réalité » résiste à la critique rationnelle dépourvue de toute émotivité. Elle est alors forcée de reconnaître que le noyau de l'homme, ce qui pourraît bien être son Centre essentiel, ne se manifeste pas autrement que dans le contact sensible avec une profondeur qui n'est pas rationnellement saisissable, mais qui doit être prise au sérieux. Elle doit s'ouvrir à cette profondeur qui la remplit toujours et à nouveau d'un sentiment de libération, qui lui permet de découvrir un sens supérieur de la vie et, par conséquent, d'accéder à une nouvelle conscience qu'elle a désormais le devoir de servir.

Le vieillard habitué à vivre pour les autres, pour une œuvre, un travail, posera souvent la question : « N'est-il pas trop égoïste de ne plus m'occuper que de moi ? » ; la réponse est : « C'est uniquement en te soumettant à la loi de la transformation que tu seras à nouveau présent à tes semblables, que tu pourras, sans plus rien réaliser dans le monde, être ce qui est en ton pouvoir — source de bénédiction, foyer de rayonnement, médiateur d'un bonheur qui ne peut être atteint par aucune activité extérieure. » Mais le discours le plus convaincant s'avère inutile si le vieil homme n'a pas connu ces expériences. Ainsi l'essentiel pour une psychothérapie de ce genre, c'est que soient transmises et revécues des expériences par lesquelles il perçoit que toute transformation humaine a pour origine une Source de force, de protection, porteuse de Sens essentiel.

Les tendances fixatrices du moi s'opposent radicalement au principe de la vie qui est transformation permanente, éternel Devenir, naissance et renaissance. Même lorsqu'il s'identifie à son moi existentiel et qu'il s'efforce de toujours stabiliser ce qui est acquis, l'homme est sans cesse travaillé par le principe de la transformation.

Mais ces considérations sur l'antinomie des tendances fixatrices du moi et des tendances à la transformation sont purement théoriques. C'est seulement lorsqu'un pas effectif vers la Transcendance a été consciemment accompli et a permis à la personne âgée de vivre quelque chose de neuf et de gratifiant, qu'une chance de conversion existe. Celle-ci implique une orientation nouvelle de la vie entière et la mise en place d'un nouveau principe directeur. Alors qu'il s'agissait jusqu'à présent pour l'homme de créer quelque chose, de maintenir et de protéger cette création (tout ceci étant d'ailleurs parfaitement légitime), il est question maintenant de tout autre chose. Il doit y avoir transformation, métamorphose de soi-même, métamorphose de notre propre humanité. La simple hypothèse d'une transformation provoque, dans la plupart des cas, un effondrement des vieilles façades, ce qui souligne encore une fois la nécessité de la psychologie des profondeurs dans la thérapie de la personne âgée.

Naturellement, son âge constitue, plus qu'à toute autre période de la vie, un facteur d'inertie sur la voie de la transformation, par les manières de voir et les représentations mentales figées, les opinions arrêtées, les attitudes rigides, qui la caractérisent. Elle ne s'engage pas sur le nouveau chemin si elle n'a pas d'abord consenti à « mourir pour devenir », c'est-à-dire à abandonner la façade à laquelle elle s'identifie la plupart du temps. Cette identification la rend incapable de reconnaître en elle-même les dangereuses puissances de l'ombre, la conduit à souffrir, remplie d'amertume, de leurs répercussions somatiques, en les projettant sur l'entourage « méchant » et le monde « mal fait ». Elle peut ainsi continuer à vivre, certaine de son bon droit, de son agréable mensonge.

Lui enlever ses œillères n'est pas une mince affaire, c'est même la tâche la plus délicate du thérapeute, car la reconnaissance du mensonge existentiel dissimulé par cette façade provoque son effondrement. Mais on obtient des résultats extraordinaires quand on rend possible le tournant vers la vérité intérieure avec l'aveu de l'inauthenticité et des fautes personnelles, l'accès à la conscience et l'expression des émotions refoulées. Cet effondrement est la condition préalable à toute nouvelle existence.

Que peut promettre le thérapeute à la personne âgée qui lui offre sa confiance ? Rien de plus, rien de moins qu'une nouvelle vie de Paix, qui procède de la Paix, une vie dans la Paix, pour elle-même, ainsi que le rayonnement bienfaisant de cette Paix vers les autres.

C'est la paix qui manque à la majorité des vieux, ils sont tourmentés et nerveux, ils trouvent mille raisons de s'exténuer, de s'agiter sans but. Il convient de mettre un terme à cette agitation. « Je ne peux quand-même pas rester assis à ne rien faire ! » disent-ils. C'est précisément ce qu'il faut leur montrer : pour la première fois de leur vie ils ont la possibilité de « ne rien faire ». S'ils essaient vraiment de ne rien faire, ils ont une chance de découvrir une Réalité qui n'est pas le résultat d'un « faire », mais l'expression d'un « être » au plus profond. C'est déjà un grand progrès, lorsqu'une personne âgée a compris que les moments importants de son existence ne sont plus ceux où elle peut encore « faire » quelque chose — poursuivre une activité, donner un coup de main, aider au jardin, à la cuisine — mais les moments où elle se consacre au « non-agir ». Cela peut, au début, lui sembler bien incompréhensible, mais si elle réussit à goûter pleinement ces instants de non-agir, à être simplement assise, là, paisiblement, c'est-à-dire si elle considère attentivement les virtualités intérieures que réserve le non-agir, possibilité d'un total lâcher prise, d'un voir, écouter, goûter, tournés vers l'intérieur, alors elle a une chance de percevoir ce qui luit en sa plus profonde intériorité, « quelque chose » qui l'effleure avec une extrême subtilité mais qui est rempli de cette qualité qu'on appelle le Numineux.

De telles expériences demandent du temps, et les premières assises en silence exigent un effort de discipline. C'est seulement quand celui qui s'exerce sait, non pas qu'il « doit », mais qu'il « peut » le faire, avec la perspective d'un résultat effectif, qu'il se trouvera prêt à entreprendre ce travail vers l'intérieur. Mais ce qui, pour l'un, est le résultat d'un effort particulier, est, pour l'autre, fruit spontané d'une croissance naturelle. Ainsi en est-il du vieil homme assis sur le banc devant sa maison, le regard au loin, silencieux, immobile, des heures durant, les mains croisées. Il ne fait plus rien, et pourtant il « fait » précisément ce qui est juste. Là où il se trouve, là où il est assis, là où porte son regard, là advient quelque chose. Là advient la *Vie* en son Royaume le plus profond. Tout ce qui l'entoure est relié à l'Infini, et mystérieusement les vagues vont et viennent entre le vieil homme assis devant sa porte et le lointain qu'il contemple, que ce soit la mer, la plaine, la forêt, la montagne ou le ciel ; cela peut être aussi un grand arbre devant sa fenêtre ou le mur de sa chambre... et même l'obscurité de ses yeux éteints. Sa façon de regarder fait de ce qu'il voit une forme de l'Infini, cet Infini qu'il accueille à ce moment en lui-même. De ce flux et reflux de l'Infini en lui, il tient sa Paix, une Paix rayonnante et parfaite, une Paix bénie. Est-il heureux ? Il n'y a pas de mots pour décrire cet état, pour décrire ce qui peut arriver alors, mais il y a, là où il est assis, « quelque chose » dont il éprouve la plénitude. La question ne se pose plus : ce pourrait bien être ça, la *Vie*. Quand elle lui est devenue co-naturelle, l'homme atteint une Cîme qui est en même temps la Racine de toute chose. Et quel est l'effet de cette Paix ? Peut-être pas un changement visible, mais certainement, pour la personne âgée, un rayonnement sanctifiant.

Le vieillard agité n'est pas le seul à être coupé de la paix intérieure, celui qui a glissé dans une molle léthargie l'est aussi. S'il peut encore être l'objet d'une thérapie, c'est-à-dire avant tout, s'il souffre de son état, il importe de ranimer en lui la flamme de la vie et par elle d'éveiller le goût pour une vie nouvelle. C'est ici qu'interviennent les thérapies d'entretien. Mais elles ne pourront avoir d'effet bénéfique que si elles apportent à la personne âgée autre chose qu'un simple passe-temps. Bien des activités ou des jeux, qui apparaîssent comme de simples passe-temps dénués de sens et de but parce qu'ils sont totalement automatiques, pourraient, si le vieillard avait encore la capacité d'accéder à ses propres profondeurs intérieures, lui en ouvrir les portes. Ainsi, pour prendre un exemple, de vieilles femmes peuvent-elles en tricotant, atteindre à une paix bienheureuse, si le thérapeute leur fait prendre conscience de la valeur essentielle de cette paix.

EXERCICES PRATIQUES DE *PERSONALE LEIBTHERAPIE*

Une psychothérapie de la personne âgée aura pour tâche de guider celle-ci dans la juste façon d'être du corps qu'elle *est*. Le véritable but à poursuivre est de rendre ce corps (*Leib*) transparent à l'Être Immanent, au véritable noyau de l'homme. Cela présuppose la dissolution de toutes les tensions et de toutes les crispations. La voie royale vers la détente profonde, le Grand Détachement, c'est l'exercice juste de la respiration, qu'il ne faut pas considérer ici comme une simple manière de prendre et de rejeter l'air, mais comme un grand rythme, sur lequel on s'ouvre et on se referme, on se donne et on se reprend, on s'offre et on se recueille. Ce à quoi il faut toujours s'exercer en premier, c'est à lâcher prise dans l'expiration, ou plus précisément : dans l'expir, se relâcher dans le « haut », s'asseoir, s'installer dans le bassin de sorte que l'inspiration se fasse sans qu'on y contribue.

Lorsque l'exercice de la respiration est devenu un « laisser-agir », on peut entreprendre l'apprentissage méthodique de la « perception de soi » dans la totalité du corps que l'on est. Celui qui s'exerce parcourt l'intérieur de son corps de la tête aux pieds, *se* relâchant toujours à l'endroit précis où il se trouve à chaque fin d'expiration. Quand cet exercice est pratiqué systématiquement, de très anciennes tensions se dénouent. Les tensions sont le langage du corps que l'on est : elles sont les forces durcies, nodulaires, de la méfiance. Il est possible, en *se* lâchant précisément dans ce corps, de défaire progressivement la méfiance qui se manifeste, par exemple, chez la personne âgée, par une surdité progressive ou une mauvaise vue : en libérant les tensions dans les épaules, qui sont l'expression de la méfiance à l'égard d'un monde méchant ; en libérant les tensions au niveau du cœur, du plexus solaire, de l'estomac, qui sont la manifestation des résistances envers les émotions refoulées ; en libérant les tensions au niveau de l'abdomen, qui sont la traduction des craintes envers les forces agissantes de la terre sur laquelle on se meut.

Allongé ou en assise silencieuse, l'exercice consiste à parcourir tout le corps (*Leib*), à être attentif et à sentir systématiquement, endroit par endroit, la région lombaire, l'espace du bassin, à investir le fessier, la zone iliaque, à prendre conscience du ventre, à oser se laisser aller dans toute la zone du ventre et du bassin, puis plus bas à sentir les cuisses, les genoux, les mollets et enfin les orteils. Puis à nouveau, depuis la région lombaire-rénale remonter de part et d'autre le long de la colonne vertébrale, passer dans les épaules, les bras, les mains, tous les doigts ; poursuivre par la nuque et la tête, le visage, le cou, la poitrine, la région stomacale et revenir à nouveau au bassin. La prise de conscience des expressions du visage est particulièrement importante parce que les personnes âgées ont bien souvent un visage soucieux, le front ridé, l'œil inquiet, la mâchoire crispée, etc., car une expression n'est pas seulement la traduction d'une tension, elle contribue également à maintenir cette tension et à la renouveler : une mine inquiète perpétue l'inquiétude qu'elle manifeste. Et celui qui prend conscience de son air soucieux est en mesure de se relâcher, de quitter cette expression préoccupée et il verra se dissiper cet état de tension. Tout ceci fait partie des exercices fondamentaux de la *Personale Leibtherapie*.

Le psychothérapeute formé aux vieilles traditions s'étonnera et posera la question : qu'est-ce que ces exercices liés au « corps que l'on est » ont à voir avec ma tâche ? Une telle question reflète évidemment une époque où l'on n'avait pas encore distingué entre « le corps que l'on a » et celui « que l'on est ». Ce dernier est la manière dont l'homme se présente et s'exprime, mais aussi se réserve ou se donne librement, dans ses attitudes personnelles, offrant ainsi un libre champ à une influence libératrice et transformatrice de l'homme en sa totalité, ce à quoi se voue le thérapeute. Le temps où ce dernier croyait n'avoir pas à s'occuper du corps est révolu.

Si l'homme apprend à sentir son intériorité par le silencieux accueil du souffle, il aura l'occasion d'être parfois touché en profondeur, mais très doucement, par une étrange émotion, par une sensation d'heureuse plénitude. A ce moment-là, il ne doit pas dire : ce ne sont que d'agréables et très passagères petites sensations, mais, au contraire, il doit discerner la qualité spécifique de telles sensations, révélatrices de l'émergence d'un nouvel espace intérieur. Ces petites sensations qui montent des profondeurs sont comme les premières pousses qui sortent de terre au printemps, lentement, clairsemées, l'une après l'autre et qui sont cependant le signe précurseur du jaillissement très proche d'une toute nouvelle Vie, tel le paysage printanier qui surgit, comme par enchantement, d'un paysage d'hiver. Il est ainsi possible que le paysage intérieur de la personne âgée, aride et glacé, connaisse un nouveau printemps, qui ne sera pas un réveil de toutes les forces juvéniles, mais un réveil à une tout autre Vie, dans laquelle il n'est plus question de « faire », mais d'« être », au-delà du temps. Ces instants où l'homme ne fait rien sont vraiment les plus importants. Ou, s'il fait quelque chose, que par longue habitude il maîtrise, ce « faire » est plutôt un « laisser-faire » qu'un faire. De tels moments permettent également de ressentir l'Autre Dimension.

Pendant que le paysage intérieur de l'homme se transforme par l'attention aux signes qui témoignent de l'Autre Dimension, le paysage extérieur évolue et donne aux objets quotidiens une valeur nouvelle, valeur qui fait entrevoir à celui qui est éveillé une Vie nouvelle, un Au-Delà de son environnement contingent. Aux yeux de l'homme éveillé, une telle expérience confère au monde — délivré du fardeau de la performance et du rendement — un nouveau sens : la manifestation du Supra-terrestre.

Le processus de maturation dans le grand-âge est une découverte progressive de l'intériorité du monde : « Tout visible est un Invisible élevé à l'état de Mystère », dit Novalis. Ainsi, tout audible est un inaudible élevé à l'état de Mystère, tout tangible un intangible élevé de même à l'état de Mystère. En un mot : l'apparence du monde cache la Dimension profonde de l'Être qui s'y révèle, tout en s'y dissimulant, et s'en approcher est tout un art. Avec l'âge, cela vaut vraiment la peine de développer cet art. Cet apprentissage exige la disponibilité d'esprit, exige le temps, exige une disposition particulière et, avant tout, de la patience. Nous passons rapidement, par habitude, sur les impressions que nous procurent nos sens. En outre, les qualités sensorielles ne disparaissent pas seulement à cause de l'épais réseau qui veut les saisir rationnellement, mais elles se perdent aussi dans la hâte de notre agitation superficielle.

Il y a une expérience toute simple à laquelle on peut inviter la personne âgée, c'est de sentir ce qui se passe dans sa main, ses doigts, lorsqu'elle les pose sur la table sans les bouger pendant cinq minutes. Qu'éprouve-t-elle ? Au début elle dira : « Le plateau de la table... je le sens... dur... froid », c'est tout. Si elle persiste, assez rapidement une étrange vie envahira ses doigts, comme un picotement, une sensation de différentes sortes de petits mouvements. Toute une vie s'éveille dans ses doigts, d'abord aux extrémités, puis dans les doigts mêmes, puis dans toute la main. Le dos de la main participe bientôt et tout un univers de qualités tactiles commence à éclore. C'est vivant, ça monte dans l'avant-bras, et peut-être même perçoit-elle à quel point la misérable première impression de « dureté et de froideur » s'est transformée, épanouie en un riche réseau aux mille qualités : c'est comme un miracle...

Quel sens cela a-t-il ? Du point de vue de la réalisation terrestre, aucun. Si l'on considère l'intériorité, c'est la découverte d'un univers intime dont elle ignorait jusque-là l'existence, la découverte d'un monde infini de qualités qui se dissimule sous la désolante finitude de notre quotidien. Et ce que nous venons de révéler par le toucher, nous pouvons le découvrir en exerçant l'ouïe, l'odorat, le goût et la vue : c'est la découverte du sens supra-sensible dans toutes les qualités sensorielles.

Pour la personne âgée, la pratique de tout exercice compris comme *exercitium ad integrum* a pour but la transformation de la vision de la vie. Les vieilles frontières sont dépassées. L'œil, qui jusque-là s'attardait à la surface, la traverse à présent jusqu'à une profondeur insoupçonnée. La voix de l'Être devient perceptible, car sur le chemin vers l'intérieur, l'homme, pareil à un instrument de musique accordé, se met en résonance avec le mystérieux chant de l'Être qui vibre sans cesse. Le quotidien comme exercice peut transformer chaque jour en un jour de fête.

Cela peut sembler euphorique, mais pourtant, chez celui qui est vraiment resté fidèle à l'exercice, cela entraîne une réelle éclosion de la vie. Pour le moins connaît-il la direction dans laquelle il est possible de penser, de sentir, d'espérer.

CHAPITRE IX

MÉDITATION SUR L'EXPÉRIENCE DE LA TRANSCENDANCE

Le développement intérieur de l'homme en vue de la Réalisation de sa Totalité s'accomplit dans la mesure où sa conscience dans le monde témoigne d'une Réalité supra-terrestre. La connaissance de cette Réalité qui le dépasse est possible à l'homme s'il s'élève au-dessus de son humanité quotidienne. C'est par l'expérience d'une Réalité accessible à l'homme, qui le dépasse et le transcende, que la Transcendance, point de départ d'une vie nouvelle, devient le centre de l'accomplissement humain.

L'expérience de la réalité signifie deux choses pour l'homme : d'une part l'expérience de la réalité terrestre appréhendée par les cinq sens et la raison et que l'homme est appelé à structurer, et d'autre part l'expérience d'une Réalité qui le dépasse, qui transcende la réalité terrestre. Vivre sa vie comme vie terrestre et la vivre en la fondant sur une Réalité supra-terrestre qui transcende le monde, ce sont deux choses bien différentes.

Il y a une infinité d'hommes bons, qui accomplissent consciencieusement leur devoir dans le monde et qui ont de véritables exigences éthiques, mais qui, pourtant, n'ont aucune idée d'une Autre Dimension dépassant l'existence. Qu'ils aient une religion, qu'ils croient en Dieu et en Jésus-Christ ne change rien et cette croyance ne leur permet pas pour autant d'être relié à cette Autre Dimension, qui n'est accessible que par l'expérience de la Transcendance. La croyance au « Bon Dieu », en Jésus-Christ, ne nécessite pas le dépassement des catégories habituellement admises de l'expérience, dans le cadre desquelles Dieu est spontanément personnifié et se voit attribuer des facultés humaines parfaites sans que le « Tout-Autre » ait sa place. La foi naïve impute à un Dieu personnel des qualités proprement humaines ; il est bon, il peut se mettre en colère et, tel un surhomme, pardonner. Ce qui dépasse l'humain, ce qui nous est transcendant, le Mystère que nous nommons Dieu, c'est dans le meilleur des cas une conception superlative des qualités humaines : bonté, omniscience, toute-puissance. S'adresser à lui, éprouver notre dépendance à son égard n'implique aucune expérience qui dépasse les limites habituelles de l'humanité ; il suffit d'élever à un niveau de perfection nos qualités et nos expériences humaines : mais on passe alors à côté de l'essentiel. Ainsi, dans cette prétendue croyance en Dieu, les limites de l'humain ne sont pas franchies, mais simplement repoussées, placées à un niveau sur-humain.

Le mot « Transcendance » peut avoir deux significations différentes : il peut désigner soit une réalité qui dépasse les horizons restreints de l'humanité, soit une façon d'éprouver qui transpose, élève tout contenu de conscience dans une Autre Dimension. C'est ainsi que l'état d'esprit dans lequel est accompli un travail quotidien, une tâche toute simple peut prendre un caractère transcendant, alors qu'une prière qui ne vise qu'à l'obtention d'une faveur en ce monde peut en être totalement dépourvue.

La Transcendance peut donc se rapporter à deux choses différentes : d'une part à une Réalité supra-terrestre ; d'autre part à une attitude intérieure de l'homme par laquelle tout ce qu'il fait ou perçoit prend une signification transcendante. Par exemple, lorsque deux personnes se saluent, leur poignée de main peut n'être qu'un code banal. Mais cette main tendue peut aussi être l'occasion — et avoir la signification, pour l'un d'entre eux, ou pour les deux — d'une rencontre sous le signe de la Transcendance. Pour beaucoup de gens, la rencontre d'une autre personne ne franchit jamais les limites du quotidien et le « bonjour » est une formule vide. Pourtant, il y a des hommes qui ressentent et vivent chaque rencontre avec autrui sous le signe de la *Praesentia Dei*. C'est, notamment, le cas pour ceux qui sont éminemment « sacerdotaux », qu'ils soient prêtres ou non. Pour ceux-ci, la réalité tout entière est placée sous le signe de l'Être essentiel supra-terrestre, et l'action la plus banale, la manière qu'on a de la faire en sont le témoignage. Cela dépend du degré d'évolution que l'homme a atteint par rapport à la Transcendance, de la façon dont celle-ci influe sur sa vision du monde. Quoi qu'il fasse, ce doit être en rapport très intime avec l'attitude fondamentale que lui dicte la Transcendance, et il est toujours prêt à s'ouvrir aux manifestations de la Transcendance Immanente.

Au fond que veut dire le mot « Transcendance » ? Et que veut dire s'ouvrir à la Transcendance Immanente ? C'est une Réalité, c'est la Réalité supra-terrestre de l'Être. Accéder à la conscience de cette Réalité supra-terrestre, c'est adopter une disposition particulière, une disponibilité et un esprit d'ouverture à l'intériorité profonde de notre être, pour permettre à cet Être, qui désire se manifester en nous et à travers nous dans le monde, de se révéler. Si cette disponibilité existe, la présence du Divin peut être éprouvée dans toute attitude, dans toute activité. Il importe donc d'écarter tout ce qui s'oppose à cette disponibilité et de favoriser tout ce qui la rend possible. La propension à tout ordonner en concepts intellectuels objectifs empêche l'expérience de la Transcendance Immanente : en effet dès que « quelque chose » de celle-ci pourrait nous atteindre, « cela » est immédiatement annexé par l'ordre de notre conscience rationnelle, enregistré, fixé et classé, réduit à des formes connues d'expériences. Quand cela arrive, la Transcendance qui désirait alors nous atteindre en est empêchée.

L'expérience de la Transcendance Immanente dépend donc de deux conditions fondamentales ; il faut d'abord que nous nous libérions des concepts, des images et des pensées qui nous occupent l'esprit, qui ne sont à leur place que dans le cadre de notre conscience objective. Mais faire le vide, se libérer de toutes les images et pensées, est incroyablement difficile, car à peine une image est-elle évanouie qu'une autre surgit. Le moine Zen qui cherche par la méditation la Grande Vacuité fait allusion pour parler des images et des pensées qui nous obsèdent à la « horde turbulente des singes ».

Mais il n'y a pas que les pensées et les images qui empêchent la Transcendance Immanente de se manifester à notre conscience. Cette manifestation peut aussi être perturbée par des formes erronées du moi éveillé. L'une de ces formes fausses c'est de vivre dans la tension, l'autre forme fautive étant de vivre de façon relâchée. Une présence consciente en nous de la Transcendance Immanente nécessite une attitude particulière, une manière d'être présent, attentif et docile à cette Transcendance Immanente, qui s'accorde avec elle et soit respectueuse d'elle. La chance nous est alors donnée d'entrer, ou de rester en contact avec « quelque chose » qui, depuis l'Être, nous cherche, nous cherche sans relâche. Il y a là un contact fondamental ; nous disons tout naturellement : « Nous cherchons la Transcendance Immanente », ou : « Nous cherchons à faire l'expérience de la Transcendance qui nous est immanente. » Penser ainsi est naturel. Cependant, l'attitude même qui consiste à chercher quelque chose empêche le contact avec ce que nous cherchons. Car ce que nous cherchons c'est ce qui, de tout temps, nous a toujours cherché du plus profond de notre être, afin de nous emplir. Sans cesse, nous sommes visités, requis, harcelés au plus profond de notre intimité. Mais c'est précisément notre attitude de recherche qui nous empêche de trouver ce qui nous cherche. Comme la fleur se développe à partir de son noyau essentiel et croît imperturbablement pour réaliser la fleur (prévue par la graine), il y a « quelqu'un » qui cherche à développer sa forme, à s'épanouir en nous. Nous sommes recherchés, appelés, c'est-à-dire que « quelque chose » en nous nous pousse vers ce qu'au fond nous sommes en propre, de même que la fleur est déjà dans le bouton et le bouton dans la graine. La différence est que rien ne peut perturber la fleur ou l'empêcher de devenir fleur si ce n'est une contrariété extérieure — une mauvaise terre, l'absence d'eau ou de lumière. Pour l'homme, il en va différemment. Il y a, certes, des circonstances extérieures qui peuvent déranger ou interrompre son développement. Mais l'adversaire le plus redoutable, c'est le moi naturel existentiel, qui s'applique sans cesse à maintenir sa forme spécifique, à résister à toute transformation, ou s'efforce de supplanter la forme juste, conforme à l'Être, par une image idéale qui lui est propre.

Essayons de mieux cerner CE que nous aimerions devenir. Comment incarner, dans l'espace et dans le temps, l'Être essentiel, supra-spatio-temporel, que nous sommes ? Il faut pour cela rendre réelle cette image très précise (de lui-même) que tout homme porte en lui, celle de son Être essentiel, à laquelle Angélus Silésius fait allusion :

> Chacun a en lui l'Image
> De ce qu'il doit devenir
> Tant qu'il ne l'a pas réalisé
> Son bonheur n'est pas parfait

L'image de l'homme dont il est question ici, ce n'est pas simplement une forme extérieure idéale dont l'homme s'approcherait progressivement et qui traduirait de plus en plus ce qu'il est vraiment, c'est, au contraire, la manière très précise par laquelle l'Être intemporel cherche à prendre forme, à travers notre manière d'être au monde. Cette Transcendance Immanente à laquelle il importe de s'ouvrir, parce qu'elle est la Force qui structure notre humanité, n'est pas quelque chose d'informe, un vague sentiment ; elle cherche à prendre corps, à s'incarner dans une forme très précise qui par sa manière d'être présente, de se manifester, d'apparaître traduit ce qu'elle est effectivement dans son essence supra-terrestre.

Différents obstacles s'opposent à cette croissance conforme à l'Être. Le plus important de ces obstacles, c'est notre fatale indigence qui nous amène à toujours adopter une attitude figée, à toujours tenir un rôle statique, ce qui nous empêche de devenir celui que nous sommes fondamentalement : y parvenir devient alors une tâche incroyablement difficile. Comment prendre conscience de notre Être essentiel ? Il semble qu'on ne puisse y arriver qu'en procédant de façon négative, en se posant toujours la question : « Est-ce que mon attitude présente, est-ce que ma façon de vivre cette situation, est-ce que ma manière de m'adresser ou de répondre à cette personne est conforme à ce qu'au fond l'Être essentiel exige de moi ? »

Il est tout de même curieux que l'homme ait le don de sentir qu'il n'est pas « juste » quand il n'agit pas en conformité avec l'Être. Bien qu'il nous soit donné de vivre à chaque instant une nouvelle situation qui ne peut se rapporter à aucune autre expérience passée, il y a en nous, à l'évidence, un modèle fondamental, une référence, le sentiment « qu'il nous faut agir ainsi ». Ce sentiment est enraciné profondément, il devrait nous guider dans toute situation, et tout manquement à son égard devrait nous être perceptible, sensible, quand par exemple nous nous laissons aller, quand une disposition purement corporelle l'emporte en nous, quand nous nous abandonnons à une fausse idée de nous-même, quand nous voulons paraître, ou quand, dans une situation particulière, nous réagissons d'une manière telle qu'à l'évidence ce n'est pas notre Être qui nous guide, mais notre petit-moi existentiel.

Nous touchons ici à la difficulté majeure. L'homme a-t-il réellement « une image de ce qu'il doit devenir conformément à l'Être essentiel » ? N'avons-nous pas plutôt une image de nous qui traduit ce que les autres attendent de nous et qui correspond à une certaine convention. Ainsi y a-t-il des choses « qui ne se font pas », ou certains comportements peu « convenables », par exemple une explosion de colère, une totale indifférence dans une situation où notre participation est attendue. Quand sommes-nous au fond en réelle conformité avec l'Être essentiel ?

La réponse à la question ne serait-elle pas celle-ci : « Une action est conforme à la loi fondamentale de la Transcendance quand l'intériorité qui la sous-tend et nous emplit *est* cette Transcendance. »

Le contenu de la Transcendance Immanente dépend étroitement de la nature de la vie religieuse d'un individu. Toute religion s'appuie sur l'une ou l'autre forme de la Transcendance Immanente et la prise de conscience de celle-ci est nécessairement liée à l'expérience du Numineux. Mais cette expérience sera d'une nature différente selon que la réalité religieuse fondamentale aura un caractère personnel ou impersonnel.

A la question : « Qu'est-ce véritablement que le Numineux ? » une citation de C.G. Jung répond pertinemment : « La Réalité qui se manifeste et s'éprouve comme Qualité du Numineux est le fondement même de toutes les religions. » Cette définition du Numineux par C.G. Jung comme une Réalité supraterrestre qui se manifeste dans chaque religion sous des formes qui ne diffèrent qu'extérieurement entraîne la question : « Cette Réalité commune à toutes les religions ne serait-elle pas justement le véritable noyau de toutes les représentations religieuses ? » Siddharta (Bouddha), Krishna, Jésus-Christ ne seraient-ils pas des aspects différents d'une même Réalité transcendante qui serait à la base de toutes les religions ? Et cette Réalité unique n'est-elle pas au cœur de toute expérience religieuse quelle que soit l'image devant laquelle le fidèle s'incline ? Cela signifierait, par exemple, que les sentiments religieux liés à la représentation de formes précises ne seraient que les divers reflets d'une seule et même Réalité supra-terrestre, reflets qui, en raison de leur contenu fondamental, auraient la même valeur et la même réalité.

Certes, il y a une différence entre la manière dont une âme simple parle de « Notre Seigneur Jésus-Christ » et l'attitude des grands mystiques qui voient en lui la personnification d'une Réalité supra-humaine et supra-terrestre. Le mystère de la Transcendance se traduit par l'impossibilité où l'on se trouve d'attribuer à Dieu — porteur de la Transcendance — quelque qualité humaine que ce soit ou de situer cette Transcendance dans l'ordre des concepts humains. Il y a donc lieu d'insister sur l'importance de cette Réalité à travers laquelle le Divin est éprouvé, Réalité qui à la fois comble de plénitude et contraint à la responsabilité, soutient et exige, protège et met en péril et pour laquelle toute qualité susceptible d'être en même temps appliquée à un homme se révèle un non-sens, comme, par exemple, dire : « Dieu est bon. »

Si l'on se demande ce qui nous autorise, dans certains cas précis, à parler d'expérience de la Transcendance, la réponse concernera toujours une Réalité qui dépasse totalement les cadres habituels de l'existence humaine, et qui pourtant lui donne son sens. Plus on arrive à libérer ces représentations de la Transcendance de toute allusion à ce qui est humain, mieux on arrive à approcher cette Réalité. Ainsi lorsque Maître Eckhart écrit : « Dieu est un pur Néant », il veut dire qu'il est au-delà de tout ce qui est humain et de tout ce qui est humainement concevable.

Il s'agit toujours par la méditation de créer les conditions par lesquelles la Transcendance peut être éprouvée par-delà toute image, en dehors de toute représentation mentale. Cependant, si l'on se demande comment la Transcendance est perçue, on aura nécessairement recours à des images. On aura, par exemple, l'image d'une grande coupe qui dans le même temps qu'elle accueille le méditant, le comble de sa force originelle, où il est à la fois protégé et objet d'exigence, confirmé et remis en question, réintégré à sa patrie d'origine et renvoyé à lui-même.

« Chacun a en lui l'Image de ce qu'il doit devenir... », cette image de ce que nous devons devenir, c'est au fond l'image de l'homme pleinement accompli, de l'homme qui dans sa manière d'être correspond à ce qu'est, à ce que doit être un être humain, c'est-à-dire quelque chose de considérable. Cela implique un comportement très précis, un rapport particulier à soi-même, à la nature, à la vie, à ce qui nous arrive, à nos semblables ; bref, tout un ensemble de comportements et de réactions qui reflètent l'image de « celui que nous devons devenir ». En tant que personne, nous avons le devoir de témoigner dans le monde de l'Être qui résonne à travers nous, nous devons avoir un comportement qui soit en harmonie avec lui, et nous devons essayer de développer un sens, une oreille intérieure, qui nous permette de percevoir les manifestations de cette Transcendance Immanente dans le monde.

Mais que signifie être attentif, être à l'écoute de cette Transcendance Immanente ? s'efforcer de la sentir ? de la toucher ? C'est un état très spécial, que certaines images nous aident à nous représenter. Ainsi, lorsque dans la méditation, dont le but est de nous rapprocher sans cesse davantage de notre être propre, nous disons : « C'est là le plus profond de ce que nous pouvons essayer d'atteindre, comme un noyau, ou quelque chose de lumineux, comme un éclair qui jaillit un instant pour disparaître à nouveau, qui nous donne pour un instant un sentiment d'absolue sécurité, pour nous abandonner à nouveau à nous-mêmes. » L'homme perd sans cesse le sentiment de sécurité qu'il tire de son être, et doit sans cesse le rechercher.

Comment arriver à découvrir ce que nous sommes véritablement ? Il y a deux possibilités. La première c'est que nous en fassions spontanément la découverte ; la seconde c'est de reconnaître quand notre comportement est contraire à l'Être, et ne correspond pas au Supra-terrestre qui désire se manifester dans le monde, en nous et à travers nous.

Cette manifestation dans le monde implique que nous exprimions à chaque instant, dans le langage propre à notre être ce qui est exigé de nous et la manière dont le Divin est présent en nous. Que nous soyons assis à notre table de travail ou que nous parlions avec quelqu'un, que nous soyons en promenade ou que nous fuyions quelque chose qui nous menace, il y a toujours un moyen pour le moi naturel — que nous sommes et que nous restons — de garder le contact avec l'Autre Dimension. Si dans un premier temps il constitue un obstacle qui nous empêche de la percevoir, le moi naturel reste cependant l'instrument par lequel nous pouvons témoigner de cette Autre Dimension dans nos rapports avec les autres hommes ou avec nous-mêmes. Ainsi, nous craignons très souvent de découvrir la vérité sur nous-mêmes parce qu'elle est trop éloignée de l'image idéale d'un homme qui vit au contact de son Être essentiel. Nous croyons que grâce à notre enracinement dans la Transcendance nous n'avons plus peur, nous n'avons plus à avoir peur. Et pourtant, nous avons toujours peur. Mais qui reconnaît qu'il a peur, là, maintenant ? Et pourquoi ne le reconnaît-on pas ? Je crois que plus l'homme saura s'avouer qu'il a peur, plus il se verra tel qu'il est dans l'instant, plus il sera capable de se débarrasser de ce qui fait obstacle sur le chemin de l'Être.

Enfin, que veut dire devenir « conforme à l'Être » ? Être conforme à l'Être essentiel — si le mot signifie présence de l'Être supra-terrestre — consiste à s'ouvrir à la Transcendance qui nous est immanente, à lui être docile, à ne pas lui résister. Elle n'est pas seulement quelque chose qui nous porte, qui nous remplit de sa force, elle est quelque chose dont nous avons instinctivement peur. En effet, qui aimera reconnaître combien il s'est égaré dans son moi naturel, combien il s'est éloigné du Divin qui lui est immanent ? « chacun a en lui l'Image de ce qu'il doit devenir... », ... cela signifie que chacun de nous doit incarner dans le monde la Transcendance qui lui est immanente, incarner, c'est-à-dire la faire vivre par le corps, par la pensée, par le regard, c'est-à-dire voir le monde à la lumière de la Transcendance, percevoir sa propre attitude à la lumière de la Transcendance qui nous est immanente.

La Transcendance qui nous est immanente, c'est le Divin qui nous habite. Le Divin s'exprime par notre manière d'être présent, de parler, d'agir. Se manifeste-t-il d'une manière qui s'accorde à notre nature ? d'une manière qui s'éloigne de tout artifice ? Chaque fois que l'homme fait semblant, se donne une apparence, joue un rôle, et croit ne pas avoir peur, il se manque lui-même, mais cela également le constitue. Il importe d'en prendre conscience. L'homme n'est pas forcément en accord avec l'image divine qui lui est immanente parce qu'il est dans un certain état de perfection. Il agit justement quand il est dans la vérité par rapport à lui-même, et que, chaque fois qu'il s'écarte du modèle qui lui est destiné, il en a conscience. Croire qu'on peut atteindre la perfection est une erreur. Mais ce n'en est pas une de croire qu'on peut être authentique envers soi-même. C'est assez difficile, car ce qui apparaît comme notre propre vérité est souvent très misérable par rapport à l'image que nous aimerions avoir de nous. La Transcendance Immanente n'est assurément pas la vague sensation d'un lien avec le surnaturel divin, mais l'expérience indubitable d'une Source qui nous abreuve, d'une Force qui nous permet à tout instant de vaincre de multiples petits ennemis. C'est une expérience qui nous relie à une Source à laquelle nous pouvons à chaque instant étancher notre soif de Vie, à un Feu qui nous réchauffe chaque fois que nous devenons frileux dans nos rapports avec nos semblables et avec le monde, à un Air vivifiant qui nous permet de reprendre souffle quand nous sommes asphyxiés devant les exigences du monde, et qui nous donne la force d'être authentiques avec nous-mêmes. Cette Transcendance Immanente est une forme de réalité, c'est La Forme de la Réalité, mais qui se révèle en une infinité de formes et d'expériences. Il importe alors de savoir jusqu'à quel point nous désirons apprendre à déchiffrer le langage de cette Transcendance Immanente dans toutes ses expressions infiniment variées, jusqu'où nous désirons lui obéir, et si nous saurons inlassablement déchirer le voile dont le moi existentiel la recouvre.

Que signifie vivre en accord avec la Transcendance Immanente ? que signifie « passer à côté » ? Sa présence se manifeste aussi bien dans la manière dont nous agissons, dont nous nous comportons, que dans les sentiments et les états d'âme qui sont les nôtres dans ces moments-là. Ce qui est vécu ou accompli en harmonie avec la Transcendance a une qualité, un caractère tout particulier, et dès qu'un individu qui s'est donné pour mission de vivre la Transcendance dans le quotidien cesse d'agir sous la loi de celle-ci, il se sentira contraint d'interrompre son activité, car lorsque ses actes sont brusquement coupés du Divin, l'homme vraiment pieux en prend conscience. Celui qui n'a part à la Transcendance que par la prière ou dans le culte est vraiment défavorisé par rapport à celui pour qui le lien avec la Transcendance repose sur un accord si fondamental qu'il est obligé, dès que cet accord est rompu, de s'interrompre, de s'intérioriser, afin de s'ouvrir à nouveau consciemment au Supraterrestre. Sans cesse, l'homme doit avoir présent à l'esprit que se sentir proche de la Transcendance n'enlève aucune efficacité à ses actions. C'est même l'inverse : quand elle détermine l'attitude fondamentale de l'homme, c'est-à-dire quand est déconnecté le petit-moi avec ses revendications, ses efforts crispés, ses attitudes erronées et ses angoisses, il se rend compte que sa présence lui permet d'atteindre la perfection dans ce qu'il fait, car c'est précisément le moi et ses formes erronées qui empêchent d'atteindre cette plénitude. Mais un échec n'est pas dramatique et on pourra donc l'accueillir avec un léger sourire en l'attribuant à l'inévitable « humain, trop humain ». La première règle à respecter est celle de l'authenticité, car c'est par elle seule que l'homme reste fidèle à la Transcendance. Si l'on est, par exemple, menacé par un danger et que l'on a peur, l'attitude juste est, à ce moment-là, de se mettre à l'écoute de la Transcendance Immanente, de s'avouer cette peur et de ne surtout pas faire comme si l'on n'avait pas peur. Alors, jusque dans la peur, lorsque celle-ci est vécue et reconnue comme telle, la présence de la Transcendance est manifeste. S'avouer que l'être humain que nous sommes a peur n'est vraiment possible que si l'on s'appuie sur la Transcendance. C'est seulement parce qu'il y a en nous une Réalité qui, lorsqu'elle nous comble de sa plénitude, nous met hors d'atteinte de toute peur, que nous pouvons supporter à ce moment précis la peur que nous éprouvons et laisser ouvertes les vannes, laisser couler en nous ce qui dissipe toute peur. Dépasser la peur n'est possible que si celle-ci a d'abord été reconnue comme telle. Et nous avons bien plus souvent peur que nous ne voulons nous l'avouer : peur, par exemple, de ne pas ressembler à l'image que les autres ont de nous, où à l'image de ce que nous voudrions être. Nous ignorons la voix intérieure de la vérité qui nous dit : « Vois comme tu es là ! » Nous faisons un petit effort et estimons que c'est bien. Mais c'est faux. La Transcendance Immanente peut nous aider à comprendre que nous ne sommes qu'une misérable caricature de ce que nous aimerions être vraiment. Être relié à elle ne signifie pas que nous incarnons de manière parfaite ce que doit être un homme, mais que nous avons la force de nous voir dans notre vérité, car c'est la condition de sa présence.

Celle-ci ne se manifeste nullement quand nous dépassons le niveau « humain, trop humain » mais précisément quand ce niveau « humain, trop humain » est reconnu dans son indigence, quand nous parvenons à prendre en considération cette faiblesse et que nous ne disons pas : « Je suis quand même très différent de cela ! » pour adopter une contenance qui ne correspond en rien à ce que nous sommes à ce moment-là.

On peut éprouver la Transcendance qui nous est immanente sous de nombreuses formes très différentes. Elle est d'abord ressentie comme une Force supra-terrestre qui nous permet de faire face à certaines situations, de supporter des souffrances, d'accomplir certains devoirs, ce qui nous serait impossible avec nos seules forces humaines. Elle nous devient consciente lorsque nous nous représentons la conduite que nous devrions avoir (mais qui n'est pas la nôtre) et dont la source n'est pas le petit-moi — qui avec son chapelet de misères, de peurs et de besoins veut faire impression et se rendre important — mais l'image d'un homme qui s'accepte simplement, en toute sincérité pour ce qu'il est présentement et dit : « La seule chose qui s'oppose à un rapport vrai avec le Divin, c'est le mensonge par lequel je me montre différent de ce que je suis. »

Cela n'empêche nullement d'adopter dans l'existence des attitudes qui ne reflètent pas ce que l'on ressent réellement. C'est le cas, par exemple, d'une attitude qui dissimule la peur que l'on éprouve, ce qui est totalement justifié, pour peu que l'on s'avoue cette peur. L'attitude amicale que l'on a à l'égard d'un individu peut ne pas correspondre à quelque chose de profond. Il se peut que la sympathie que nous témoignons à quelqu'un soit purement conventionnelle. Ce n'est pas mal. Il importe simplement d'avoir conscience que cette attitude sympathique ne traduit qu'une convention et ne correspond pas à la vérité intérieure du moment. Si nous nous montrons détendu et sûr de nous alors qu'au fond nous « tremblons » de peur, ce n'est pas forcément injustifié. C'est peut-être même nécessaire, si nous sommes responsables d'un groupe que nous devons conduire. Je sais par ma propre expérience d'officier que j'ai eu peur. Mais au moment où j'étais responsable de trente ou quarante hommes qui me regardaient, cette peur n'apparaissait plus, occultée par le rôle que je devais jouer. Il serait erroné de dire qu'en l'occurrence il y avait mensonge. C'était ce que la situation exigeait. Il ne s'agit donc pas de toujours montrer ce que nous ressentons, mais d'être conscients lorsque nous nous montrons différents de ce que nous sommes. Cette conscience doit être sans cesse présente afin qu'on ne s'imagine pas, par exemple, qu'on est une grande dame parce qu'on en a l'allure. Cela ne doit pas nous empêcher de faire notre possible pour devenir une grande dame, mais l'illusion d'en être une nous mettra dans une situation cruelle quand la vérité brusquement se révèlera, quand apparaîtra clairement que nous sommes une petite fille et pas une grande dame. Inversement, il est possible de faire appel à notre propre Force essentielle et ce que nous sentons alors est juste et vrai, éloigné de toute apparence trompeuse.

Vivre sous le signe de la Transcendance Immanente, c'est s'abreuver à une abondante Source de Force, mais c'est aussi avoir la force d'être authentique, la force de s'avouer sa propre faiblesse. L'homme doit continuellement se dépasser, au fond, il doit toujours savoir et faire plus qu'il ne peut par lui-même. C'est cela être humain. La Transcendance Immanente peut aider l'homme à exiger de lui-même des efforts dont il serait incapable s'il n'avait en lui ce lien avec le Supra-humain. Car il y a en chaque homme beaucoup plus que les forces du moi terrestre ordinaire, en chacun il y a un « potentiel de forces supra-humaines » au service de sentiments particuliers, de certaines actions dont il n'est capable que parce qu'il y a en lui « quelque chose » qui dépasse ses forces naturelles. Seul, l'homme qui ne s'en tient pas à une attitude résolument éloignée de l'Image innée qu'il porte en lui, de l'Image de ce qu'il doit devenir, peut, dans certaines circonstances, dépasser ses forces naturelles. Car l'Image de ce qu'un homme doit devenir conformément à l'Être essentiel contient toujours la part supra-humaine de cet homme. Seul celui qui dépasse ses capacités naturelles peut devenir Celui qu'il est destiné à devenir selon l'Être essentiel. Cela ne signifie pas que l'on doive se conduire d'une manière contraire à la vérité intérieure, mais il se peut que soit exigé de nous, dans certains cas, que nous dépassions ce dont la nature nous rend capables.

L'homme doit apprendre à chercher, à trouver, à cultiver la Source de sa joie véritable dans la profondeur de son être, de sorte que tout au long de la journée, dans ce qu'il pense, dans ce qu'il fait et, très important, dans son contact avec ce qui l'entoure, il reste en relation avec la Transcendance qui lui est immanente. Notre manière même de toucher les objets ne doit pas être en désaccord avec la Transcendance Immanente, mais, au contraire, en témoigner ! La manière dont nous entrons en contact avec quelque chose, que ce soit du bois ou de la pierre, du métal ou une étoffe peut conférer à nos doigts une faculté de sentir, de toucher qui constitue un lien avec la Transcendance Immanente. C'est une expérience très particulière, et quand on l'a vraiment faite, on peut très consciemment toucher les objets d'une manière qui établit un lien avec elle. En posant simplement ma main sur la table d'une certaine façon, en prenant contact avec le plateau, je peux être saisi très profondément, du cou ou de la nuque jusque dans la poitrine, et devenir conscient d'une Autre Dimension, qui est, par ailleurs, toujours présente, que je le sache ou non. L'Être supra-humain est toujours là, le seul problème est que je ne le sens pas toujours. Et c'est seulement si je le sens, qu'il peut devenir opérant et me permettre de devenir ce à quoi je suis destiné. On peut ressentir la Transcendance Immanente comme un cadeau qui est présenté dans une grande coupe, qui s'offre à nous et nous comble. Elle insuffle quelque chose en nous et l'on sent très concrètement le Divin. C'est une présence que l'on perçoit de façon très réellement sensitive, qui est en permanence proche de nous et nous cherche. Nous n'avons pas à la chercher, nous devons simplement apprendre à nous laisser trouver.

Le contact avec la Transcendance Immanente peut être le fruit d'un effort particulier, intervenir à un moment où on ne l'attend pas, par exemple pendant que nous arrosons une fleur ou que nous caressons quelqu'un. Notre attitude fondamentale peut et doit être celle de ne jamais perdre ce contact sensitif avec l'Autre Dimension qui est notre essence même, attitude qui nous permet d'être toujours là, pleinement et de façon juste dans ce que nous faisons. Être présent au monde de façon juste, c'est être d'une manière qui témoigne de l'intériorité de l'Être dans l'instant. C'est éprouver sans cesse à nouveau l'Être de l'étant, dans l'étant même et, dans notre vécu, relier l'étant à l'Être de sorte que, par l'union à une fleur, à un animal, à un homme, nous éprouvions et constations que quelque chose s'écoule de nous qui nous lie à eux, sort de nous pour aller à eux et en même temps sort d'eux pour venir à nous. C'est ainsi que l'on peut, dans une rencontre avec quelqu'un, sans qu'aucune parole soit échangée, établir un contact sous le signe de la Transcendance qui nous relie. Cela peut se produire lorsque nous sommes simplement assis silencieusement l'un en face de l'autre, ou plus intensément encore quand nous gardons un temps la main de l'autre dans notre main. Alors une Force mystérieuse s'écoule de l'un à l'autre et dans cette manière d'être ensemble, chacun des deux est comblé d'une richesse venue des profondeurs. Combien de fois ai-je éprouvé qu'après de tels moments, les gens qui me quittent s'en repartent enrichis. Mais il est important d'être conscient que cette manière de sentir l'autre et de laisser s'écouler quelque chose vers lui n'est pas une Force qui m'appartient. C'est, au contraire, une ouverture commune vers l'expérience de ce Flux de l'Être qui nous relie. Nous nous trouvons dans une situation où « quelque chose » advient en dehors de toute volonté particulière, et chacun est alors comblé d'une Plénitude issue d'une mystérieuse profondeur. Et si nous en venons à converser avec l'autre, quel que soit le sujet abordé, notre attitude fondamentale permet à l'Être d'occuper un espace plus ou moins grand et le dialogue gagne dans tous les cas en profondeur. Quel que soit l'endroit où il se trouve, quelle que soit la personne avec laquelle il est, l'homme est dans le vrai quand il est l'intermédiaire entre la Transcendance qui lui est immanente et l'autre. Cela confère à chaque situation sa valeur propre ; cela donne à l'humour sa saveur, à la force physique son poids véritable , à la clarté sa profondeur, et avant toute chose cela donne à l'amour son sens véritable, celui d'un lien avec le Divin, avec cette Transcendance Immanente, dont la prise de conscience est notre devoir fondamental et nous commande de nous tenir ouvert à notre intériorité afin qu'elle puisse s'épanouir.

Le thème de « l'expérience de la Transcendance » ne concerne pas uniquement les instants privilégiés où on expérimente celle-ci en tant que telle, où elle nous comble, mais également la manière dont elle est présente quotidiennement.

Ainsi l'expérience de la Transcendance peut désigner deux choses différentes : d'une part, les moments privilégiés où l'Être nous touche et nous comble, où le Christ se révèle en nous, en un instant véritablement transcendant. C'est généralement ces moments que l'on privilégie. D'autre part, le contact avec la Transcendance peut consister en une disposition intérieure, un accord fondamental dans l'existence quotidienne et plus précisément dans chacune de nos actions. Mais cela ne va nullement de soi et réclame de l'homme une attitude très particulière. Tout ce que nous sommes, tout ce que nous faisons ou exprimons — quel que soit celui à qui nous avons à faire — notre attitude tout entière doit être de plus en plus déterminée par le contact avec notre Être profond. Au fond, ce contact devrait être constant et imprégner chacun de nos actes, et ceux-ci gagneraient ainsi en profondeur. Alors naît cet état d'âme où nous sommes d'une manière particulière à tout ce qui nous occupe dans l'instant.

Ainsi, il s'agit d'une vie « *sub specie aeternitatis* ». Fondamentalement, nous devrions toujours être reliés au Divin qui est en nous, de sorte que, très naturellement, toutes nos actions, toutes nos façons d'agir, tous ceux qui nous entourent soient touchés et portés par le Souffle de ce Tout-Autre, l'Être supra-terrestre.

On peut dire que la plupart des hommes, même ceux qui accomplissent scrupuleusement leur devoir, ne font jamais rien de mal et sont simplement de braves gens, ne sont pas, dans leur vision profonde de l'existence, leur manière intime et personnelle de vivre, touchés par le Souffle de la Transcendance. Il existe, à l'inverse, des hommes, qui, quoi qu'ils fassent ne perdent jamais le lien originel avec elle. On peut alors très simplement parler de piété naturelle. Celle-ci ne s'exprime pas par des exercices spirituels, ni par des prières constantes, ni par des pensées particulièrement religieuses, mais par une attitude fondamentale dans laquelle chaque action, la simple façon d'être au monde, d'être présent, est gouvernée par le Supra-terrestre. La vie dans sa totalité est alors témoin de la présence du Divin dans le monde : elle possède une Qualité particulière, elle est habitée et comblée d'un Esprit caractéristique, portée par une Force singulière qui se traduit par la manière dont chaque acte est accompli. Les Êtres qui vivent ainsi ont un rayonnement particulier, et la morosité leur est inconnue. Et pourtant, ils connaissent toutes les émotions, ils peuvent être ivres de joie ou dominés par la colère, ils peuvent aimer et haïr... mais ils ont instantanément conscience du trouble émotionnel qui est en contradiction avec la présence divine en eux.

Notre époque est en train de redécouvrir cette loi fondamentale : ce qui importe, ce sont moins des actes spécifiquement religieux qu'un état d'âme, qu'une disposition d'esprit qui fait de l'homme pieux quelqu'un que la « présence de Dieu » n'abandonne jamais.

L'expérience de la Transcendance est alors la disposition intérieure fondamentale qui naît de la présence du Divin en nous. Rester dans cette disposition fondamentale dans toutes les situations de l'existence et s'ancrer toujours davantage en elle, c'est le but de tous les exercices méditatifs. L'important, ce n'est pas ce que l'on éprouve dans le moment, mais ce qui transforme l'homme, ce qui a en lui un retentissement et le fait progresser.

Faire de la Transcendance l'expérience fondamentale de l'existence signifie donc deux choses : d'abord que nous nous sentions constamment touchés par elle, que nous soyons attentifs au souffle de l'autre dimension et que par là nous accédions à un nouvel état intérieur ; que nous nous développions de telle façon que tout ce que nous faisons en reçoive son caractère et son impulsion, son rythme. Vivre sous le signe de cette expérience, c'est éprouver dans tout ce que nous faisons la présence du Tout-Autre.

Manifester que nous lui sommes reliés, c'est vivre très consciemment ce que nous faisons dans l'instant comme une occasion d'intérioriser une Réalité supérieure, et en témoigner. Cette expérience est à la fois le médium et l'arrière-plan de ce que nous faisons et ressentons alors, de sorte que nous soyons tellement transformés, « trans-figurés » par notre part divine, qu'instantanément tout ce qui émane de nous, à commencer par le souffle, notre voix, nos gestes, nos réactions, notre attitude à l'égard de ce ou de ceux avec qui nous sommes en relation, tout atteste qu'ici, à travers nous, le surnaturel opère et se manifeste. De la personne qui est comblée par cette plénitude émane de plus un rayonnement qui touche, vivifie, fortifie et comble celui qui est en contact avec elle, ne fût-ce qu'un court moment et lui procure, lorsqu'il la quitte, un enrichissement tout particulier.

C'est là naturellement un idéal, mais un idéal que l'on peut atteindre à condition de pratiquer le « quotidien comme exercice ». Mais il faut avoir décidé de prendre une bonne fois cet idéal au sérieux. En fait, l'homme devrait se développer de telle sorte que sa simple manière d'être présent, que ce qui émane de lui lors même qu'il est inactif et silencieux, que ses actions les plus concrètes — prendre en main un objet quelconque et l'utiliser, dialoguer ou partager avec d'autres, prendre soin d'une plante, caresser un animal — lui soient autant d'occasions de laisser émerger le Tout-Autre, ce qu'au fond nous sommes.

Si un groupe humain vivait selon les principes fondamentaux qui viennent d'être exposés, il y aurait dans le monde un espace tout différent des autres, où le Divin se révèlerait de façon particulière, où se produirait quelque chose qui serait de l'ordre de la Grâce, quelque chose qui, bien qu'invisible, serait perçu à travers une atmosphère, un état d'âme, une ambiance particulière. Tous ceux qui pénètreraient dans une telle communauté seraient touchés de façon singulière par ces hommes qui s'exercent à la *Praesentia Dei*, et qui rayonnent cette Présence dans le monde. Cela devrait, bien-entendu, être l'atmosphère de toutes les communautés religieuses ou de toutes celles dont le but est l'accomplissement spirituel ; et notre époque est riche en jeunes communautés dont les membres ont, au fond, le désir de se sentir, de se mettre au service du Divin.

Naturellement, il y a les exercices spécifiques, comme par exemple ce que l'on nomme, avec des sens variés, méditation. Prenons le Za-Zen qui nous est familier : pratiquer le Za-Zen, c'est s'exercer à une posture par laquelle on parvient sans effort, sans tension, au contact avec le Tout-Autre ; et plus on s'exerce avec constance, plus ce Tout-Autre a un retentissement dans le quotidien. Le fruit de l'exercice, c'est la manifestation du Transcendant dans le quotidien. Cela se traduit par une certaine atmosphère qui émane de nous, et tout ce qui nous entoure — les hommes avec qui nous sommes en train de parler, les objets auxquels nous avons à faire — tout devient une caisse de résonance pour une Voix qui vient du Divin. Nous sommes perpétuellement interpelés, appelés, requis par quelque chose de déterminé, sans cesse tenus pour les serviteurs d'une Autre Dimension, et nous devons en être de plus en plus conscients. Nous avons à tout moment la possibilité de nous faire les instruments d'une Épiphanie, de la Révélation du Divin au monde, ce dont notre temps a un besoin crucial. Les hommes sont à ce point égarés dans les activités matérielles qui servent leur moi existentiel ou leur procurent contentement et satisfaction qu'ils en oublient totalement qu'il leur est donné à chaque instant de témoigner du Tout-Autre — ce qui ne porte en aucune façon préjudice à ce qui est leur devoir d'homme ou à ce qui leur fait joie en tant qu'enfants de la terre. Au contraire, toute joie — déguster un bon repas, danser, rire et être heureux ensemble, se promener — tout cela peut être animé, transfiguré par cette présence du Supra-terrestre qui relie tout, qui confère à tout une signification plus haute, une plus grande profondeur et donne le moyen d'atteindre et de vivre quelque chose de particulier.

La Transcendance, en tant que présence du Divin dans notre existence quotidienne peut être troublée de multiples manières : très simplement par une étourderie, par un goût trop univoque pour les choses du monde ou par les tâches que la vie quotidienne exige de nous. Mais précisément, ces simples tâches quotidiennes peuvent devenir un exercice, comme par exemple la toilette du matin. Je sais que pour mon vieux maître japonais Teramoto, se raser était devenu un *Exercitium* dans lequel chaque mouvement était intégré dans un ordre et par là abordé comme un exercice. On peut ainsi s'efforcer de faire sans cesse davantage des actes répétitifs de la vie quotidienne un *Exercitium*, de sorte que chacun de ces gestes devienne une manifestation de l'Être Immanent.

Il importe, lorsque nous pratiquons le Za-Zen, d'être présents, en pleine conscience dès le premier instant, de nous sentir nous-mêmes dans notre corps (*Leib*), de nous maintenir dans un état d'âme approprié et, pour ce qui concerne la conscience objective, de contenir les images et les pensées qui nous troublent ; de même, notre journée tout entière devrait être vécue dans le contact permanent avec l'Autre Dimension.

Qu'est-ce qui peut nous y aider ? Il faut avoir conscience que lorsque nous nous tournons vers le Supra-terrestre, notre disponibilité envers le monde n'est pas nécessairement diminuée. Nos activités dans le monde ne peuvent que gagner à être accomplies en même temps au service du Tout-Autre. C'est là le VERBE, la PAROLE qu'il nous faut faire vivre au service de la Transcendance et cela signifie à proprement parler que nous devons faire de chacun de nos actes un témoignage du Tout-Autre. Cela implique d'abord une discipline particulière. Il faut que tout ce qui est accompli sous le signe de la Transcendance le soit avec scrupules et minutie, avec un désir de perfection, et que nous ayons conscience de toute déviation par rapport à l'attitude fondamentale exigée de nous. Ainsi la vigilance devient-elle la vertu fondamentale d'une attitude juste dans le quotidien.

Un long entraînement est nécessaire pour que le contact avec la Transcendance soit visible, soit manifeste dans le monde sensible ! Considérons un sport qui exige la maîtrise de mouvements très particuliers. Réaliser une performance significative qui porte l'empreinte du Transcendant exige une très longue pratique. Ce que l'on éprouve alors est le fruit d'un long entraînement préalable auquel le petit-moi et ses forces propres n'ont plus part. Et c'est bien ainsi qu'il faut comprendre ce précepte japonais :

> La maîtrise parfaite d'une technique ne trouve pas son aboutissement dans une performance exceptionnelle, mais dans la possibilité d'un pas de plus sur le chemin intérieur.

L'un des dangers qui peut se présenter ici, c'est l'adoption d'une attitude dont on aurait l'illusion qu'elle est conforme à la Transcendance, mais qui déboucherait sur un durcissement, une crispation. Nous voyons même des prêtres qui accomplissent l'exercice — c'est-à-dire témoignent du Divin dans leurs actes — d'une manière qui suscite la gène. Ils arrivent « plein de piété », la tête légèrement courbée, désireux de donner une impression de sainteté, et ils en sont tellement éloignés ! ... D'autres, par contre, qui sont totalement naturels, et qui de toute évidence ne pensent ni à « faire de l'effet », ni à adopter un comportement particulier, sont précisément, par la pureté de leur rayonnement, témoins du surnaturel. On peut sans doute affirmer qu'un homme qui se conforme pleinement à la loi naturelle humaine porte d'autant mieux témoignage de la Transcendance, ce témoignage impliquant une conduite libérée des exigences du moi.

Il faut prendre conscience qu'une vigilance de chaque instant nous est nécessaire pour ne pas nous avachir — je ne trouve pas d'autre mot — pour ne pas manquer de respect à ce qui pourrait être une manifestation du Tout-Autre ; mais il faut éviter aussi une tension crispée : un front soucieux, une démarche raide ne sont ni nécessaires ni bénéfiques, au contraire. Je crois que plus un homme est animé par cette présence centrale en lui du Divin, plus ses gestes deviennent naturels, plus sa voix se fait limpide et aisée, plus sa parole est fluide. Et plus le contact avec le Tout-Autre gagne en évidence, plus ce qui se passe ici-bas est l'expression d'une dimension plus élevée, et par là gagne en spontanéité, en fluidité, en naturel. Les couleurs deviennent plus vives, les sons plus éclatants, les mots plus profonds, la langue que nous employons plus riche dans la mesure où nous nous astreignons à une discipline, bien entendu au service du Divin, mais qui exprime également le naturel dans sa forme optimale. Là est bien le Mystère : le Divin ne commence pas où s'arrête le terrestre, au contraire, le terrestre ne devient réellement lui-même, ne prend son sens profond que lorsqu'il est une expression du Divin. A ce propos, il y a tant de choses très simples à apprendre. Au départ, il y a l'homme et sa manière de se comporter dans l'existence, sa manière de se tenir debout, de marcher, de se mouvoir... Pour tout cela, il existe un point d'équilibre, un état juste, entre le relâchement et la crispation, entre l'excessive lenteur et l'excessive rapidité. Chaque homme a un rythme particulier pour tout, une forme précise qui lui correspond. Il existe une « justesse » objective, et quand elle est atteinte, le surnaturel se manifeste spontanément dans le comportement ou dans une action dans le monde.

Sur le chemin dont nous parlons, il est important de prêter une attention toujours plus profonde au Supra-humain dans toutes les formes naturelles qu'il revêt. Dieu apparaît dans la nature quand celle-ci a la possibilité d'être totalement elle-même, quand elle n'est pas entravée dans son devenir naturel. Dans le monde des objets, des plantes, des animaux, la transformation spontanée vers une forme parfaite n'est troublée que par des événements ou des accidents extérieurs alors que l'homme perturbe lui-même son développement juste, la Réalisation de sa propre vie, le sens de la parole juste, du mouvement juste à cause de l'obstination de son moi existentiel quand celui-ci ne réussit pas à susciter les circonstances extérieures favorables au juste développement à partir de l'Être. Il faut très longtemps pour que l'homme se soumette à l'exigence de faire tout ce qu'il fait en accord avec son Être. Son moi conscient a pour devoir de favoriser dans chaque situation les conditions qui permettent à l'Être de se manifester. Ainsi, de façon générale, le but de la ratio est de donner un espace de vie au non-rationnel. C'est une présence très particulière que l'homme éprouve réellement, quand il perçoit avec un sentiment d'évidence que sa relation au monde est en même temps une relation avec le Supra-terrestre.

Le but de tous ces exercices spirituels est le contact avec la Transcendance. Ils permettent à l'homme de dépasser un comportement ordinaire dépourvu de toute lumière et de toute profondeur et de se relier ainsi à son Être essentiel qu'il aura la possibilité d'éprouver en un certain nombre d'expériences ayant des qualités spécifiques.

Dans le Za-Zen, il s'agit en dernier ressort de l'approfondissement de l'Être essentiel, et, ceci avec une constance telle, d'une manière telle, que tout l'homme en est finalement trans-formé : par l'inlassable répétition de l'exercice, il devient le témoin du Supra-terrestre dans le monde. Le maître Zen est une incarnation personnifiée de la Transcendance. S'il est un vrai maître, le rayonnement du Supra-terrestre n'émanera pas seulement de lui lorsqu'il pratique le Za-Zen, mais, parce qu'il est transformé par l'exercice, il en demeurera de façon évidente le témoin dans l'existence quotidienne. Le Za-Zen est l'exercice qui permet de supprimer tout ce qui entrave l'expérience de l'ÊTRE et de favoriser la manifestation de la Transcendance dans le monde. C'est aussi le but de tous les exercices qui nous viennent d'Orient, celui du T'ai-chi, du Kinomichi (Aïkido), du tir à l'arc, du combat à l'épée, de la cérémonie du thé, de l'Ikebana (l'art des bouquets)... Dans tous ces exercices, il s'agit, par une application constante, d'aboutir à une technique parfaite qui permette la manifestation du Supra-terrestre dans une suite de mouvements particuliers ou dans une œuvre visible (par exemple un bouquet). Il faut alors distinguer ce qu'éprouve celui qui s'exerce (par exemple à l'instant où, dans le tir à l'arc, la flèche se détache de la corde) et ce qui est visible extérieurement et qui peut permettre à celui qui est spectateur d'être lui aussi « touché ».

Ce qui nous est offert là par l'Orient n'est pas réservé aux Orientaux, mais révèle aux Occidentaux une autre dimension de l'exercice, dont le critère d'appréciation n'est pas seulement la perfection de la performance visible et mesurable, mais aussi et surtout, la profondeur de l'expérience vécue.

La perfection dans la manifestation de la Transcendance n'est pas mesurable selon des critères humains, selon lesquels la perfection d'un mouvement passe avant son caractère naturel. La perfection, ici, c'est ce qui ne témoigne de rien d'autre que ce qui est déterminé par l'Être.

TABLE DES MATIÈRES

essais
Sagesse du corps

A. Brooke : *Trésor caché en évidence*
Collectif. École de prière VARAP : *Devenir accueil*
J.-M. Dubois de Montreynaud : *Un médecin à l'écoute du malade*
J.-M. Dumortier : *Chemins vers l'oraison profonde*
J.-M. Dumortier et S. Amaldas : *Yoga, contemplation, amour*
K. Graf Dürckheim : *L'Homme et sa double origine*
K. Graf Dürckheim : *L'Expérience de la Transcendance*
Claude Durix (Entaï) : *Zen, ni lotus ni robots*
L.G. Gonzalez : *La Prière, voie d'intégration*
W. Johnston : *Musique du silence*
U. Kröll : *La Méditation transcendantale*
Enomiya-Lassalle : *Méditation Zen et prière chrétienne*
Enomiya-Lassalle : *La Méditation comme voie vers l'expérience de Dieu*
F. Lesprit : *Le Carrefour de l'espoir*
F. Lesprit : *L'Acupuncture, pour qui, pour quoi ?*
F. Mac Nutt : *Le Pouvoir de guérir*
T. Merton : *Mystique et Zen*
Michaëlle : *Yoga et Prière*
Michaëlle : *Le Pèlerin-Danseur*
Michaëlle : *Hatha Yoga et croissance de l'homme en Occident*
P. Milcent : *Maîtrise de soi et expérience de Dieu*
T. Ritter : *Le Silence*
T. Ritter : *Libérer la source*

Achevé d'imprimer
par Corlet, Imprimeur, S.A.
14110 Condé-sur-Noireau

N° d'éditeur : 8418
N° d'imprimeur : 1360
Dépôt légal : novembre 1987

Imprimé en France